T0209396

essentials

essentials liefern aktuelles Wissen in konzentrierter Form. Die Essenz dessen, worauf es als „State-of-the-Art" in der gegenwärtigen Fachdiskussion oder in der Praxis ankommt. *essentials* informieren schnell, unkompliziert und verständlich

- als Einführung in ein aktuelles Thema aus Ihrem Fachgebiet
- als Einstieg in ein für Sie noch unbekanntes Themenfeld
- als Einblick, um zum Thema mitreden zu können

Die Bücher in elektronischer und gedruckter Form bringen das Expertenwissen von Springer-Fachautoren kompakt zur Darstellung. Sie sind besonders für die Nutzung als eBook auf Tablet-PCs, eBook-Readern und Smartphones geeignet. *essentials:* Wissensbausteine aus den Wirtschafts-, Sozial- und Geisteswissenschaften, aus Technik und Naturwissenschaften sowie aus Medizin, Psychologie und Gesundheitsberufen. Von renommierten Autoren aller Springer-Verlagsmarken.

Weitere Bände in der Reihe http://www.springer.com/series/13088

Winfried Krieger · Stephan Hofmann

Blended Learning für die Unternehmens- digitalisierung

Qualifizieren Sie Führungskräfte zu Botschaftern des digitalen Wandels

Prof. Dr. Winfried Krieger
Prof. Krieger Consulting GmbH
Hamburg, Deutschland

Stephan Hofmann
Hochschule Flensburg
Flensburg, Deutschland

ISSN 2197-6708   ISSN 2197-6716   (electronic)
essentials
ISBN 978-3-658-19203-7   ISBN 978-3-658-19204-4   (eBook)
DOI 10.1007/978-3-658-19204-4

Die Deutsche Nationalbibliothek verzeichnet diese Publikation in der Deutschen Nationalbiblio-
grafie; detaillierte bibliografische Daten sind im Internet über http://dnb.d-nb.de abrufbar.

Gedruckt auf säurefreiem und chlorfrei gebleichtem Papier

Springer Gabler ist Teil von Springer Nature
Die eingetragene Gesellschaft ist Springer Fachmedien Wiesbaden GmbH
Die Anschrift der Gesellschaft ist: Abraham-Lincoln-Str. 46, 65189 Wiesbaden, Germany

Was Sie in diesem *essential* finden können

- Wie Sie Führungskräfte für die Digitalisierung sensibilisieren.
- Welche spezifischen Lern- und Trainingsanforderungen die Unternehmensdigitalisierung stellt.
- Wie Sie Blended Learning und Training technologisch und organisatorisch umsetzen können.
- Wie Sie agil, schnell und anwenderorientiert ein didaktisches Design entwickeln können.
- Wie Sie die intrinsische Motivation Ihrer Teilnehmer stärken können.
- Wie Sie Lern- und Trainingsmaßnahmen gestalten, um Veränderung zu fördern.

Vorwort

Liebe Leserin und lieber Leser,

die Veränderungs- und Lernaufgaben der Unternehmen sind noch nie so groß gewesen wie heute. Die digitale Durchdringung aller Geschäftsprozesse, aller Produktionsnetzwerke, aller Produkte und Services erfordert andere Kommunikation, andere Entscheidungen und Führung sowie ein anderes Lernen.

Auf der Suche nach Unterstützung sitzen täglich Führungskräfte in Seminaren, wo Interessantes und Zukunftswichtiges vorgestellt wird. Aber, wenn sie an ihren Arbeitsplatz zurückkehren, dann erschlägt das Tagesgeschäft viele neue Ideen innerhalb weniger Tage – wie eine Sandburg, die von der nächsten und übernächsten Welle weggespült wird.

Warum werden Schulungstage eingekauft, ohne dass die gewünschte betriebliche Trainingswirkung dafür konkret festgeschrieben wird und ohne dass eine führungsbezogene Rahmung dieser gewünschten Trainingswirkung erfolgt?

Warum nehmen Sie an Webinaren und eLearnings teil, ohne dass Sie mit Vortragenden anschließend über Ihre spezifischen betrieblichen Anforderungen diskutieren und wenigstens die Chance haben, das Vorgetragene mit den betrieblichen Prozessen Ihrer Organisation zu verknüpfen?

Wir geben Ihnen einen Leitfaden an die Hand. Er zeigt, wie Sie Lernen und Qualifizieren in dieser neuen digitalen Welt gestalten können, damit sich Kommunikation und Führung verändern und Führungskräfte zu digitalen Botschaftern in Ihrem Unternehmen werden.

Dabei wissen wir, dass individuelles Lernen der Führungskräfte nur einen kleinen Teil der Wirkungsmöglichkeiten darstellt – erst die Verknüpfung dieser individuellen Lernerfahrungen mit organisationalen Kommunikations- und Lernprozessen führt zu Veränderungen.

Wir stützen unsere Konzepte auf systemische Erklärungsmodelle zum Lernen und zur Führung (getreu dem Motto; nichts ist so praktisch wie eine gute Theorie) sowie auf langjährige Trainingserfahrung mit einem erweiterten Blended-Learning-Konzept.

Vielleicht wenden Sie ein, dass Sie vieles von dem, was Sie heute wissen, mithilfe traditioneller Lernmethoden gelernt haben und dass Ihr Unternehmen wirtschaftlich doch sehr erfolgreich ist. Stimmt – Sie haben gut gelernt, sich auf Ihre Erfahrung verlassen zu können. Aber wollen Sie die Digitalisierung Ihres Unternehmens oder Ihres Verantwortungsbereiches ausschließlich mit traditionellen Lern- und Managementkonzepten angehen? Falls ja – dann sollten Sie aufhören zu lesen und stattdessen schnell ein traditionelles Seminar buchen.

Ein paar einleitende Sätze zur Verwendung des Genus im Text. Wir werden in der Regel das Nomen Agentis für die Bezeichnung von Personengruppen verwenden, also hierunter männliche, weibliche und transsexuelle Identitäten einschließen. Wir werden immer dann zwischen grammatischem Geschlecht und natürlichem Geschlecht differenzieren, wenn wir Sie, geschätzte Leserinnen und Leser, direkt ansprechen.

Am Ende jeden Abschnitts haben wir jeweils drei bis vier Fragen formuliert – diese sollen Sie unterstützen, weiterzumachen und umzusetzen, aber auch kritisch zu schauen.

Ein Zitat von Jean de la Bruyère geben wir Ihnen mit auf den Weg:

Zwei ganz verschiedene Dinge behagen uns gleichermaßen –
Die Gewohnheit und das Neue.

Um in unserer digitalen Zeit erfolgreich zu lernen und zu verändern, wäre es hilfreich, sowohl das alte Gewohnte zu würdigen als auch das neue Herausfordernde anzunehmen. In der Integration dieser beiden Polaritäten liegt das Geheimnis des digitalen Erfolgs.

Hamburg   Professor Dr. Winfried Krieger
Flensburg   Stephan Hofmann

Inhaltsverzeichnis

Einleitung 1

Die digitale Transformation steht heute für viele Entscheider auf Platz eins ihrer persönlichen Agenda. Geschäftsmodelle, Branchenstrukturen und Leistungsprogramme verändern sich und eigene Positionen müssen hinterfragt werden.

Führungskräfte suchen nach Strategien und Konzepten, um die neuen Technologien zur erfolgreichen Weiterentwicklung des Unternehmens einzusetzen. Dabei hängt der Erfolg der digitalen Transformation in erster Linie nicht vom Umfang der Investitionen in neue digitale Technologien ab – Technologie alleine wird ein Unternehmen nicht verändern. Erfolgreiche digitale Transformation wird entscheidend durch die digitalen Kompetenzen und Fähigkeiten der Führungskräfte und Spezialisten bestimmt.

Wie lassen sich Offenheit, Agilität und Innovationsbereitschaft einer Organisation in Bezug auf neue digitale Anforderungen stärken?

Wir zeigen Ihnen, wie Sie Lernen und Qualifizieren in der digitalen Welt gestalten können, sodass sich Kommunikation und Führung verändern und Führungskräfte zu digitalen Botschaftern werden.

Wir haben dieses *essential* folgendermaßen aufgebaut:

Wir beginnen mit den neuen digitalen Anforderungen und erläutern, warum das eigentlich alles so wichtig ist.

Immer wenn es gelingt, alte Erfahrungen und neue Lernimpulse zu verknüpfen, führt Lernen zu Veränderung. Um diesen Zusammenhang zu verdeutlichen und für ein didaktisches Design fruchtbar zu machen, stellen wir Ihnen im dritten Kapitel die Konzepte des 70-20-10 Referenzmodells, die motivationalen Ideen der Self-Determination-Theory und die systemisch-konstruktivistische Didaktik vor.

© Springer Fachmedien Wiesbaden GmbH 2018
W. Krieger und S. Hofmann, *Blended Learning für die
Unternehmensdigitalisierung,* essentials, DOI 10.1007/978-3-658-19204-4_1

Im vierten Kapitel erläutern wir Ihnen unser Vorgehen zum didaktischen Design, um schnell und zielorientiert Blended-Learning-Kurse zu konzipieren und zu entwickeln.

Darauf aufbauend, zeigen wir Ihnen konkret, wie unsere Kurse für Führungskräfte im Kontext der Unternehmensdigitalisierung strukturiert sind. Unser Lern- und Trainingskonzept orientiert sich am Ansatz des erweiterten Blended Learning. Wir beschreiben jedoch keine fachlichen, auf Digitalisierung bezogenen Kursinhalte. Zum ersten, weil die unterschiedliche Zusammensetzung von Teilnehmergruppen zu unterschiedlichen Inhalten führt, zum zweiten weil sich die Inhalte im Bereich der Unternehmensdigitalisierung sehr schnell verändern (damit wäre dieser kleine Leitfaden schnell obsolet), zum dritten, weil das den Rahmen eines *essentials* sprengen würde und zum vierten, weil unser Konzept auch mit anderen Themen und Inhalten umgesetzt werden kann.

Einen Einblick zu möglichen fachlichen Themen und Inhalten in der Unternehmensdigitalisierung finden sie auf www.cloud-campus.de und www.SPOC. house sowie ergänzend www.SPOC-Mittelstand.digital. Die dort eingesetzten Konzepte wurden in den letzten Jahren von uns kontinuierlich entwickelt, verprobt und erweitert.

Digitalisierung – die neuen Anforderungen

2

Liebe Leserin und lieber Leser, vielleicht wenden Sie ein, dass die Digitalisierung ja nun wirklich nichts Neues sei – Sie haben Recht, die Digitalisierung begann mit dem Einsatz von Computern in Wirtschaftsunternehmen vor mehr als einem halben Jahrhundert. Trotzdem sprechen wir nun seit wenigen Jahren von den „neuen" Anforderungen der Digitalisierung. Stichworte wie Industrie 4.0 und Mittelstand 4.0 stehen als Buzzwords für diese Entwicklung.

Worin liegt die neue Dimension der Digitalisierung?

Mit einer Antwort auf diese Frage sowie mit der Bedeutung der „neuen" Digitalisierung für das Veränderungsmanagement und das Lernen in Unternehmen, wollen wir uns in diesem zweiten Kapitel beschäftigen.

2.1 Digitalisiert wird seit 50 Jahren

Die Nutzung der kommerziellen Datenverarbeitung begann vor ziemlich genau 50 Jahren. Entscheidender Meilenstein war damals die Entwicklung des Systems/360 von IBM – der erste kommerzielle Großrechner, der es den Kunden ermöglichte, ihre IT-Systeme bedarfsorientiert zu skalieren – ein großer Sprung in der Wirtschaftlichkeit der Informationsverarbeitung.

Heute sprechen wir von der vierten industriellen Revolution – was war die erste, zweite und dritte Revolution?

Die **erste industrielle Revolution** wird auf das Ende des 18. Jahrhunderts terminiert. In dieser Zeit wurde Handarbeit durch mechanische Produktionssysteme – mit Wasser und Dampfkraft angetrieben – abgelöst. Die **zweite industrielle Revolution** basierte auf der Nutzung elektrischer Energie, die gegen Ende des 19. Jahrhunderts hoch arbeitsteilige Prozesse der Massenproduktion ermöglichte.

© Springer Fachmedien Wiesbaden GmbH 2018
W. Krieger und S. Hofmann, *Blended Learning für die Unternehmensdigitalisierung, essentials*, DOI 10.1007/978-3-658-19204-4_2

Bekanntestes Beispiel ist die Einführung des ersten Montagebandes für die Produktion des „Modell-T" durch FORD. Die **dritte industrielle Revolution** begann in den siebziger Jahren des vorigen Jahrhunderts. Ausgangspunkte hierfür waren zum ersten die Entwicklung der speicherprogrammierbaren Steuerung (SPS), die eine Automatisierung der Produktion ermöglichte und zum zweiten die Markteinführung von Personal Computern, die neue Prozesse und Funktionalitäten in den kaufmännischen Bereichen der Unternehmen ermöglichten.

Die beiden Basistechnologien der heutigen **vierten industriellen Revolution** liegen in der Hyperkonnektivität, die neue Vernetzungs- und Interaktionsmöglichkeiten bietet[1] und im Cloud-Computing, das eine beliebige Skalierung und Elastizität von IT-Ressourcen ermöglicht. Darauf aufbauend, forcieren die cyberphysischen Systeme[2], die eine Verknüpfung von physischer und informatorischer Unternehmenswelt ermöglichen sowie die Analyse und Auswertung großer Datenmengen (Big Data), eine Neugestaltung der unternehmerischen Leistungsprozesse.

Die Summe dieser neuen technologischen Möglichkeiten wird zukünftig viele traditionelle Geschäftsmodelle erodieren. Um das ein wenig zu verdeutlichen, genügt ein Blick in das Konzept der fünf Wettbewerbskräfte von PORTER. Er hat bereits 1980 diese fünf wirtschaftlichen Bedrohungsszenarien für jedes Unternehmen identifiziert (Porter 2008):

* Verhandlungsstärke der Lieferanten
* Verhandlungsstärke der Kunden
* Bedrohung durch neue Wettbewerber
* Bedrohung durch neue Produkte oder Leistungen
* Bedrohung durch wachsende Konkurrenz zwischen vorhandenen Wettbewerbern

Drei Beispiele verdeutlichen die Veränderungen:

Die Verhandlungsstärke der Kunden ist im Zuge der Digitalisierung stark gewachsen. Analysen zeigen, dass mehr als die Hälfte der Käufer ihre Kaufentscheidung heute auf der Grundlage von Online-Informationen treffen, bevor sie überhaupt in einen Face-to-Face Kontakt mit dem Verkäufer gehen – das gilt auch

---

[1]Betriebswirtschaftlich steht das für Transaktionskosten, die rapide weiter sinken werden.

[2]Das Internet of Things ist ein cyber-physisches System, das aus Produkten/Materialien, Sensoren, Kommunikationssystemen und Anwendungssystemen besteht.

für B2B-Geschäftsbeziehungen (Adamson et al. 2012). Hinzu kommt das Risiko, durch neue Intermediäre (Portale und Marktplätze) von den eigenen Kunden abgekoppelt zu werden.

Neue Produkt-, Service- und Leistungsinnovationen auf der Grundlage digitaler Technologien verkürzen die Produktlebenszyklen vorhandener Produkte und Services. Damit sinken Umsätze und Deckungsbeiträge, wodurch wiederum die Innovationskraft der Unternehmen reduziert wird. Erschwerend kommt hinzu, dass diese neuen Produkte und Leistungen vor allem von jungen und neu gegründeten Unternehmen auf den Markt gebracht werden. Diese neuen Unternehmen verdrängen dabei häufig lange am Markt etablierte Unternehmen.

Die Zusammenarbeit mit Lieferanten im B2B-Bereich verändert sich insofern, indem immer mehr Lieferanten immer tiefer in die Entwicklungs- und Produktionsprozesse integriert werden und damit Bestandteil digitaler Ecosysteme werden. Dies wird insgesamt zu einer Stärkung der Verhandlungsmacht der Lieferanten führen.

Insgesamt wird die Erosion bisher erfolgreicher Geschäftsmodelle zum strategischen Risiko für Unternehmen.

2.2 Marktveränderungen durch neue disruptive Geschäftsmodelle

Im Zusammenhang mit der Digitalisierung wird oftmals von der Entwicklung disruptiver Geschäftsmodelle für Produkte und Services gesprochen. Disruptiv (aus dem englischen to disrupt „unterbrechen") meint in diesem Zusammenhang, dass damit bestehende Produkte und Dienstleistungen vom Markt verdrängt werden aber auch, dass interne Prozesse grundsätzlich verändert werden[3].

Die Entwicklung disruptiver Geschäftsmodelle ist insbesondere für etablierte Unternehmen herausfordernd. Dies hängt direkt damit zusammen, dass diese Unternehmen in der Vergangenheit ja bereits erfolgreich gewesen sind; es hat also Strukturen, Prozesse und Entscheidungen gegeben, die richtig im Sinne des gewollten wirtschaftlichen Erfolgs gewesen sind. Warum sollten diese etablierten Geschäftsmodelle aufgegeben werden?

---

[3]Antonym für disruptiv wäre die kontinuierliche Weiterentwicklung von Produkten, Services und internen Prozessen, ohne dass diese im Kern neuartig sind und ohne dass diese bereits bestehende Produkte und Services vom Markt verdrängen.

Solange Führungskräfte und Spezialisten nicht erkennen, dass ihre Erfahrungen und ihr Fachwissen durch die digitale Veränderung in kürzester Zeit entwertet werden, solange werden sie an ihren alten Geschäftsmodellen und ihren alten Unternehmenswirklichkeiten festhalten. Um Neues besser in die Aufmerksamkeit zu bringen, können Lern- und Trainingsarrangements einen wesentlichen Beitrag leisten. In Abhängigkeit von digitalen Kompetenzniveaus können spezifische Lern- und Trainingskonzepte gestaltet werden.

Am Ende dieser Lernarrangements sollten die Konsequenzen der Digitalisierung für das eigene Unternehmen erkannt werden; und dass es nicht reicht, die vorhandenen Produkte, Services und Prozesse ein bisschen digitaler zu machen.

2.3   Interne Botschafter, interne Spin-offs oder externe Expertise

Wie können sich Unternehmen, die ihre digitalen Herausforderungen erkannt haben, an diese neuen Anforderungen anpassen?

Heute haben sich hierzu drei Vorgehenskonzepte herauskristallisiert:

Zum ersten wird versucht, die vorhandenen Führungskräfte zu qualifizieren, weiterzuentwickeln und als Botschafter für diese digitale Reise zu positionieren. Dadurch hoffen die Unternehmen, Führung und Führungskultur so zu verändern, dass digitale Offenheit und digitale Kultur entstehen.

Zum zweiten versuchen Unternehmen eigene digitale Spin-Offs zu gründen. Das heißt es werden kleine innovative Tochterunternehmen gegründet, denen die Aufgabe zukommt als Inkubatoren neue digitale Konzepte für das gesamte Unternehmen zu entwickeln.

Zum dritten versuchen Unternehmen externe Expertise einzukaufen – dies kann in unterschiedlicher Art und Weise erfolgen; entweder indem externe Berater hinzugezogen werden oder aber in dem der Markt der Spin-offs und der kleinen innovativen Unternehmen analysiert wird und von diesen Unternehmen entweder kopiert wird oder aber diese Unternehmen gesellschaftsrechtlich übernommen werden.

Wann und unter welchen Rahmenbedingungen welches Konzept zielführender ist oder ob eine Mischung dieser drei Konzepte hilfreich ist, lässt sich zurzeit noch nicht sagen. Entscheidend sind wohl die etablierten Erfahrungen der Vergangenheit mit Veränderungsprozessen und die damit verknüpften Erfolge oder Misserfolge.

Wir wollen uns nachfolgend nur darauf konzentrieren, wie es gelingen kann, Führungskräfte und Spezialisten zu internen Botschaftern der Digitalisierung zu qualifizieren.

Fragen
1. Was ist das Neue an der Digitalisierung für Sie?
2. Was hat Ihren Erfolg in der Vergangenheit ausgemacht?
3. Wie verändern sich die Wettbewerbskräfte in Ihrem Unternehmensumfeld?
4. Wie stark lassen Sie sich auf neue Impulse ein, die Bisheriges in Frage stellen?

Change Management und Lernen

3

Liebe Leserin und lieber Leser, wir erleben oft, dass Organisationsentwicklung einerseits und Weiterbildung und Qualifikation andererseits kaum miteinander verzahnt sind. Dahinter versteckt sich möglicherweise die Annahme, dass der Besuch eines Kurses oder Trainings[1] unmittelbar zu einer Verbesserung der Mitarbeiter-Performance führt – erst recht, wenn der Mitarbeiter das Training positiv bewertet hat.

Dass dem nicht so ist und dass diese Verknüpfung hohe Aufmerksamkeit und kontinuierliche Beobachtung erfordert, wollen wir Ihnen in diesem Kapitel zeigen.

Dazu werden wir zu Beginn die bekannten Schritte eines jeden Veränderungsprozesses in einen digitalen Kontext einordnen, um uns dann zu fragen, warum Organisationen nicht lernen und was das möglicherweise mit einer erfolgreichen Vergangenheit zu tun haben könnte.

In diesem Kontext zeigen wir auch den Zusammenhang zwischen individuellem Lernen und organisationalem Lernen, der hohe Relevanz für die Gestaltung von Lern- und Trainingskonzepten hat.

Zum Abschluss dieses Kapitels erläutern wir, wie sich die Lernmotivation der Teilnehmer verbessern lässt und wie wir den Lern- und Trainingserfolg messen können.

---

[1]Wir verwenden Kurs, Training und Lernen/Learning hier synonym – das ist nicht ganz sauber, aber in diesem Rahmen wollen wir das nicht weiter differenzieren.

© Springer Fachmedien Wiesbaden GmbH 2018
W. Krieger und S. Hofmann, *Blended Learning für die
Unternehmensdigitalisierung*, essentials, DOI 10.1007/978-3-658-19204-4_3

3.1   Change Management

Welche Anforderungen werden an das Veränderungsmanagement (Change Management)[2] aus Sicht der neuen Digitalisierung gestellt?

Change Management ist als Begriff leicht falsch zu interpretieren, da sich Veränderung nicht im Sinne einer Ursache-Wirkungs-Beziehung steuern lässt – das Management von Veränderungen erhöht lediglich Wahrscheinlichkeiten, dass sich Unternehmen in gewünschte Richtungen weiterentwickelt.

Jeder unternehmerische Veränderungsprozess durchläuft typischerweise die folgenden Projektschritte[3]:

- Im ersten Schritt sind die eingefahrenen Muster und Strukturen aufzuweichen; dazu gehört oft auch die Selbstzufriedenheit des Managements mit dem Erreichten zu irritieren, weil das Erreichte möglicherweise nicht mehr zur sich verändernden Unternehmensumwelt passt.
- Im folgenden Schritt werden Zielzustände der Veränderung vereinbart – dabei ist es wichtig, dass diese Zielzustände ausreichend detailliert beschrieben werden; so detailliert, dass jeder Mitarbeiter versteht, was diese Veränderung für ihn und seinen Arbeitsplatz bedeutet.
- Auf dieser Grundlage lassen sich dann konkrete Veränderungsschritte für jeden Mitarbeiter, jede Abteilung und jeden Bereich erarbeiten und umsetzen.
- Zum Abschluss eines Veränderungsprojekts wird stets die Nachhaltigkeit der veränderten Strukturen und Prozesse gesichert. Versuchen Sie zu verhindern, dass nach kurzer Zeit wieder die alten Prozess- und Entscheidungsmuster greifen.

Um Führungskräfte zu Botschaftern der Digitalisierung zu machen, müssen wir klar definieren, an welcher Stelle des digitalen Veränderungsprozesses das Unternehmen und die Führungskräfte im Moment stehen. Genau an dieser Stelle werden sie dann von Qualifizierungskonzepten mit angepassten Zielen und Inhalten abgeholt.

---

[2]Wir unterscheiden den englischsprachigen Begriff „Change Management" nicht vom deutschsprachigen Begriff „Veränderungsmanagement".

[3]In der Betriebswirtschaft wurde eine Vielzahl von Modellen hierzu entwickelt; im Kern lassen sich aber stets die genannten Schritte unterscheiden – unabhängig davon, ob Sie nun LEWIN, KOTTER oder andere Klassiker zum Change Management anschauen.

Häufig wird in diesem Zusammenhang vom Digitalisierungsgrad der Unternehmen gesprochen; empirische Befragungen und spezifische Analysetools sollen helfen quantifizierbare Kennzahlen zu liefern, um Trainings- und Entwicklungskonzepte zu definieren. Das ist, wenn überhaupt, nur hilfreich, wenn es um die Gestaltung allgemeiner Aus- und Weiterbildungsmaßnahmen geht.

Für branchenorientierte und unternehmensinterne Kurse und Trainings hilft das wenig, dann sollte vielmehr in einer offenen Gesprächssituation mit den Stakeholdern abgeklärt werden, in welcher Phase eines digitalen Veränderungsprozesses die intendierten Kursteilnehmer sich selbst positionieren (siehe Abschn. 3.1). Auf dieser Einschätzung dann, lässt sich aus Standardbausteinen, unter Einbindung externer Quellen, mit angemessenem Aufwand ein angepasstes Kurs- und Trainingskonzept entwickeln.

3.2 Lernen und Nichtlernen

Was zeichnet lernfähige Organisationen aus und auf welchen Boden fallen Lern- und Trainingskonzepte? Lernfähige Organisation sind gekennzeichnet durch Kommunikationsstrukturen, die es ermöglichen Prozesse kontinuierlich zu überprüfen und zu verändern. Wohin Führungskräfte schauen, was sie wahrnehmen und was nicht, entscheidet über die Lernfähigkeit. Nur das, was von den Mitgliedern der Organisation bewusst wahrgenommen wird, kann überhaupt neu gelernt und verändert werden (Simon 2004, S. 13). Lern-und Trainingsangebote sollten deshalb den Aufmerksamkeitsfokus der Führungskräfte beeinflussen und auf Themen fokussieren, die verändert werden sollen.

Um diese These besser einordnen zu können, ist es hilfreich, auf nicht-lernfähige Organisationen zu schauen und deren Gründe für Nichtlernen und Nichtveränderung zu verstehen.

Abb. 3.1 zeigt Ergebnisse einer Befragung der nicht weiterbildungsaktiven Unternehmen in Deutschland zu ihren Entscheidungsparametern.

Diese plakativen Befragungsergebnisse sind geprägt von einem traditionellen Verständnis von Weiterbildung (als Maßnahme zum Füllen einer Leerstelle) und bieten wenig Anknüpfungspunkte zur Gestaltung von Lern- und Trainingskonzepten – wir schauen deshalb in die organisationstheoretischen Zusammenhänge dahinter.

Abb. 3.1 Hemmnisse für betriebliche Weiterbildung der nicht weiterbildungsaktiven Unternehmen in Deutschland im Jahr 2013. (Institut der deutschen Wirtschaft 2013)

Dabei lassen sich Nichtlernen von Individuen und Nichtlernen von Organisationen unterscheiden[4].

Kommunikation bildet das konstituierende Element jeder Organisation – somit lernt die Organisation durch Kommunikation und auch das Nichtlernen der Organisation ist eine Folge von Kommunikation oder eben von fehlender Kommunikation.

Ein erster nützlicher Zugang, um Nichtlernen von Individuen zu verstehen, liegt darin, Nichtlernen in Unternehmenskontexten als aktive Entscheidung zu interpretieren. Folgt man dieser These, dann können sich Führungskräfte fragen, was sind die Vorteile des Nichtlernens – oder anders gefragt, wer im Unternehmen erwartet möglicherweise Nachteile durch einen Lern- und Veränderungsimpuls? – und genau da könnten nun wiederum Lernkonzepte anschließen.

Neben diesen individuellen und gleichzeitig auf den Kommunikationskontext bezogenen Aspekten haben GINO und STAATS vier Gründe identifiziert, warum Führungskräfte nicht lernen (Gino und Staats 2015).

An erster Stelle steht die Angst mit neuen Ideen und Konzepten zu scheitern und damit das persönliche Zukunftsrisiko zu vergrößern. In diesen Kontext

---

[4]Häufig führt das Nichtlernen der Organisation dazu, dass Qualifizierungskonzepte für einzelne Mitglieder der Organisation aufgestellt werden – in der Erwartung, dass damit die Gesamtorganisation intelligenter, innovativer und agiler wird.

gehört, dass Führungskräften Erfolg und Misserfolg häufig unmittelbar zuge-schrieben wird – während doch letztendlich die gesamte Unternehmenskommuni-kation maßgeblich über Erfolg und Misserfolg entscheidet.

Ein zweiter Grund für das Nichtlernen liegt in der persönlichen Einstellung, dass Kompetenzen weitgehend genetisch bestimmt sind und Lernen damit eher nachrangig wird[5].

Ein dritter Auslöser findet sich in der kulturellen Unternehmensfixierung auf vergangene Erfolge und Stabilität; wobei gleichzeitig Veränderung und Neues nicht gewürdigt werden.

Der vierte Aspekt ist als sozialpsychologisches Phänomen bekannt, der Attri-butionsfehler (attribution bias) ist dadurch gekennzeichnet, dass Menschen ihre Erfolge als persönliche Leistung wahrnehmen und Misserfolge den widrigen Umständen zuschreiben. Damit wird Lernen aus eigenen Fehlern aber verunmög-licht.

Motivationale Lernansätze setzen an diesen Aspekten an, indem beispiels-weise darauf hingewiesen wird, eine Unternehmenskultur des Scheiterns[6] (fail fast oder fail early) in der Organisation zu implementieren und indem Ent-wicklungspotenziale von Mitarbeitern gezielt gefördert werden, anstatt primär vergangene Erfolge zu würdigen. Beides sind Aspekte, die im Rahmen eines didaktischen Designs berücksichtigt werden sollten.

Insbesondere der dritte Aspekt des Nichtlernens, der Fixierung auf vergan-gene Erfolge, eröffnet aber auch die Chance aus positiven Erfahrungen zu lernen. MARCH unterscheidet dabei zwischen dem unreflektierten und dem reflektierten Lernen aus der Erfahrung. Unreflektiertes Lernen wiederholt erfolgreiche Hand-lungen der Vergangenheit, ohne die jeweiligen spezifischen Rahmenbedingun-gen und Abhängigkeiten zu analysieren; reflektiertes Lernen hingegen analysiert Abhängigkeiten, Rahmenbedingungen und Strukturen vergangener Erfahrungen, um daraus zukünftige Handlungsoptionen abzuleiten (March 2016, S. 25).

MARCH beschreibt drei Mechanismen dieser Wiederholung von Erfolgen (March 2016, S. 28 ff.): Das Lernen durch Versuch und Irrtum (die Führungs-kräfte wählen aus einer Gruppe von Alternativen, deren Vorteilhaftigkeit unsi-cher ist), das Lernen durch Imitation (Handlungen, die erfolgreich gewesen sind, werden von anderen Akteuren nachgeahmt) sowie die Selektion (nur diejenigen Aspekte, die mit dem Erfolg verknüpft sind, werden wiederholt).

---

[5]„Entweder man kann das oder man kann das nicht".

[6]„Scheitern" ist semantisch sehr negativ aufgeladen – vielleicht wäre „Misserfolg" treffen-der.

Unabhängig von der Art der Erfolgswiederholung führt diese häufig zu stabilen Leistungsverbesserungen, wenn die Entscheidungssituation wenig komplex ist und wenn die Ergebnisse der wählbaren Alternativen eine geringe Varianz haben. Bei hoher Komplexität und hoher Varianz der erwarteten Ergebnisse führt die Erfolgswiederholung in aller Regel jedoch zu suboptimalen Entscheidungen. Die Güte der Ergebnisse ist insgesamt allerdings dadurch beeinflussbar, dass das Lernen aus Erfahrung kulturell verankert und kommunikativ gerahmt wird (March 2016, S. 39–40). Zusammengefasst führt die Erfolgswiederholung eher zu kurzfristigen Leistungsverbesserungen, aber selten zu innovativen und langfristig optimalen Ergebnissen.

Diese Zusammenhänge sind im Rahmen des didaktischen Designs insofern zu bedenken, dass eine Didaktik, die umfangreich auf das Lernen anhand von Beispielen setzt, sich dem reflektierten Erfahrungslernen verschreiben muss; also Abhängigkeiten, Strukturen und Parameter dieser vorgestellten Erfahrungsbeispiele intensiv beleuchten.

3.3   Traditionelle und innovative Lernkonzepte

Innovative Lernkonzepte für Unternehmen sind heute so aufgebaut, dass sich Lernen eng mit den betrieblichen Leistungserstellungsprozessen verzahnt. Welche Konzepte stehen dahinter?

3.3.1   Trennung von Arbeiten und Lernen

Zur Zeit der Zünfte – also im 17. und 18. Jahrhundert – wurde gelernt, in dem die Meister ihr Wissen und ihre Kompetenzen an ihre Lehrlinge und Gesellen weitergaben. Das stärkte die Zünfte, da das Lernen intensiv mit der täglichen Arbeit verzahnt wurde und garantierte gleichzeitig eine hohe arbeitsbezogene Qualität der Ausbildung.

Mit dem Beginn der Industrialisierung im 19. Jahrhundert wurden Lernen und Arbeiten immer stärker getrennt. Dies lag zum einen an der stark steigenden Zahl der Arbeiter und zum zweiten an der wachsenden Arbeitsteilung, die in ihren Ursprüngen auf SMITH und TAYLOR zurückgeht. Arbeit fand in wachsendem Maße in den Unternehmen statt und Lernen fand in Schulen und später in Universitäten statt. Die Finanzierung dieser als hoheitlich definierten Aufgabe erfolgte konsequenterweise dann auch nicht durch die Industrie-und Handelsunternehmen, sondern durch den Staat.

Die fortschreitende Trennung zwischen Aus- und Weiterbildungsbereich auf der einen Seite und Industrie-, Handels- und Dienstleistungsunternehmen auf der anderen Seite führte im 20. Jahrhundert zu einem starken Wachstum des weltweiten Weiterbildungsmarkts. In Deutschland betrugen im Jahre 2016 die Umsätze der beruflichen Weiterbildung im B2B-Bereich (inklusive Seminare – ohne Tagungen/Kongresse) 6,4 Mrd. EUR (Deutsche Fachpresse 2016).

Erst mit Beginn des 21. Jahrhunderts ist zu beobachten, dass Lernen und die Nutzung des Erlernten zum Zwecke wirtschaftlich gewünschter Entwicklungen (sowohl einzel- als auch gesamtwirtschaftlich) wieder stärker zusammenwachsen. Am deutlichsten wird das an dem anglo-amerikanischen Begriffspaar „Learning & Development", das mittlerweile Einzug in die Personalbereiche der Unternehmen genommen hat.

Auch das Schlagwort der „Kompetenzorientierung", das in den letzten Jahren einen massiven Bedeutungszuwachs erfahren hat, verdeutlicht diese Entwicklung weg von der Lernorientierung hin zur Orientierung an der persönlichen Wirksamkeit im Rahmen gewünschter privater oder betrieblicher Ziele.

3.3.2 70-20-10 Referenzmodell

Die sogenannte 70-20-10 Bildungsformel wurde 1996 von McCALL/EICHINGER/LOMBARDO im Lernkontext erfolgreicher Führungskräfte formuliert. In den letzten Jahren haben ARETS/JENNINGS/HEIJNEN im Zuge mehrerer empirischer Forschungsprojekte die allgemeine Bedeutung und den Nutzen dieses Referenzmodelles für Lernen und Qualifizieren in betrieblichen Zusammenhängen nachgewiesen (Arets et al. 2015).

Die Kernaussage dieses Modells konzentriert sich darauf, dass

- 70 % des Lernens während und durch die Arbeit erfolgt, indem Aufgaben erfolgreich erfüllt werden und indem Fehler gemacht werden, die beim nächsten Mal korrigiert werden;
- 20 % des Lernens sich in der Zusammenarbeit mit Kollegen und in unternehmensübergreifenden Netzwerken also in sozialen Kommunikationsprozessen vollziehen;
- 10 % des Lernens sowie der Qualifizierung und Weiterentwicklung durch formales Lernen in Seminaren, Kursen und Online-Trainings geschieht.

Selbstverständlich variieren diese Anteile in Abhängigkeit von Unternehmenszielen und Branchen – auch die jeweilige Führungsphilosophie ist ein wichtiger Einflussfaktor.

Wenn das 70-20-10 Konzept in Unternehmen umgesetzt wird, so integrieren sich Lernen und Arbeiten wieder in sehr viel stärkerem Umfang als bisher; damit kann Lernen einen sehr viel direkteren Beitrag leisten, um die Unternehmensziele zu erreichen. Gleichzeitig wächst die Verantwortung der Schulungsverantwortlichen, die jetzt nicht mehr nur für die Organisation und Durchführung formaler Trainings und Kurse verantwortlich sind, sondern auch dafür, diese in die betrieblichen Arbeits- und Kommunikationsprozesse zu integrieren.

Damit erweitern sich aber auch die Anforderungen an das Instructional Design formaler Lern- und Trainingskurse, die eine Integration des Lernens in betriebliche Arbeitsprozesse ermöglichen sollen.

3.4   Individuelles Lernen und organisationales Lernen

Ist die Kompetenz eines Unternehmens größer oder kleiner als die Summe der Kompetenzen aller Mitglieder des Unternehmens und wie verzahnt sich individuelles Lernen zu einer verbesserten Unternehmenskompetenz?

Während sich individuelle Lernkonzepte primär auf das einzelne Organisationsmitglied konzentrieren, versuchen organisationale Lernkonzepte den strategischen Charakter des Lernens zu fokussieren; und leisten damit einen nachhaltigen Beitrag zum Unternehmenserfolg. Dabei ist häufig davon auszugehen, dass organisationales Lernen den einzigen nachhaltigen Wettbewerbsvorteil zur Sicherstellung der Unternehmenszukunft darstellt.

3.4.1   Individuelles Lernen

Individuelles Lernen zielt in seiner allgemeinsten Beschreibung darauf, das Verhalten von Individuen durch Erfahrungen zu verändern. Wie geschieht Lernen?

Angefangen von den ersten erziehungswissenschaftlichen Konzepten zum Ende des 19. Jahrhunderts bis zu den MOOCs und SPOCs von heute haben sich Psychologen und Erziehungswissenschaftler intensiv mit den Grundlagen des Lernens beschäftigt. Neben soziokonstruktivistischen und humanistischen Ansätzen geht man heute von folgenden vier Grundmodellen des individuellen Lernens aus.

Behaviorismus wird auch als Reiz-Reaktion-Modell bezeichnet. Diese psychologische Theorie beschränkt sich ausschließlich auf beobachtbares Verhalten und sieht die inneren Prozesse des Lerners (beispielsweise Motivation, Sympathie oder Widerstand) als Blackbox. Lernen wird im behavioristischen Sinne als Verhaltensweise verstanden, die auf äußere Reize wie Lob, Tadel, Belohnung oder Bestrafung reagiert.

Kognitivismus versteht menschliches Lernen als Maschinen-Analogie. Der Kognitivismus erforscht die Funktionsweisen dieser Maschine – also Prozesse, wie Wahrnehmen, Erinnern, Vergessen, Sprechen und Schreiben. Der Lehrende oder Trainer bestimmt in diesem Modell die Inhalte, die der Lernende speichern und später anwenden beziehungsweise wiedergeben soll.

Konstruktivismus versteht die Lernenden als operational geschlossene Systeme – das heißt zwischen der Umwelt (der Lernumgebung, den Lerninhalten) und dem Lernenden besteht keine direkte Kopplung. Ein Lehrender, der ein bestimmtes Veränderungsziel hat, kann somit nicht davon ausgehen, diese gewünschte Veränderung tatsächlich beim Lernenden zu bewirken. Menschen sind selbst gesteuert und werden von der Umwelt nicht strukturell determiniert, sondern lediglich angeregt. Der Lehrende hat damit die Aufgabe, durch die leicht nachvollziehbare und anschlussfähige Darstellung des Wissens dem Lernenden eine individuelle Konstruktion seines eigenen neuen Wissens zu ermöglichen.

Während die drei beschriebenen Modelle jeweils ein mentales Verarbeitungskonzept beschreiben, beleuchtet das vierte Modell, der **Konnektivismus,** eher die Lernmethode. Konnektivismus versteht den Lernenden als Teil eines umfassenden, häufig technikgestützten Wissensnetzwerkes. Das heißt Wissen und Kompetenz entstehen eher durch die Kommunikation mit anderen Lernenden als mit den Lehrenden. Dieses Lernmodell liefert den theoretischen Hintergrund für MOOCs (massive open online courses), SPOCs (small private online courses) und die in diesem Zusammenhang genutzten Diskussionsboards, Foren und Blogs – auch die Ansätze des Nano-Learning lassen sich hierunter subsumieren.

Unsere Qualifikations- und Lernkonzepte für Führungskräfte basieren auf konstruktivistischen Ansätzen des Lernens; dies ist zielführend in dem Sinne, dass den Teilnehmern in besonderem Maße das Gefühl der Selbstwirksamkeit vermittelt werden kann. Selbstwirksamkeit wiederum leistet einen wesentlichen Beitrag zur Nachhaltigkeit und zur Integration des Gelernten in die Unternehmensprozesse und -strukturen. Methodisch nutzen wir dabei auch Anregungen des Konnektivismus.

3.4.2 Organisationales Lernen

ARGYRIS und SCHÖN haben 1978 den Begriff des organisationalen Lernens geprägt; organisationales Lernen besteht aus ihrer Sicht im Prozess zur Veränderung kognitiver Unternehmenswirklichkeiten – oder einfacher ausgedrückt; wie verändern Organisationsmitglieder auf der Grundlage von Lern-und Kommunikationsprozessen die Werte, Normen, Organisationsstrukturen, Ablauf- und Entscheidungsprozesse im Unternehmen.

Die Veränderung dieser spezifischen Wirklichkeiten erfolgt durch Lern- und Kommunikationsprozesse.

Dabei werden die individuellen Lernprozesse der Organisationsmitglieder durch definierte Spielregeln wirksam für die Organisation. Dazu leisten die Führungskräfte einen Schlüsselbeitrag[7] durch Selbstbeobachtung des eigenen Unternehmens, durch Beobachtung der Unternehmens-Umwelt-Beziehungen und dadurch, dass sie diese Beobachtungen in die Organisation kommunizieren. Diese Führungsaufgabe kann durch individuelles Lernen in unterschiedlichster Ausprägung (vergleiche Abschn. 3.3.2) unterstützt werden.

ARGYRIS und SCHÖN unterscheiden verschiedene Typen von organisationalen Lernprozessen; das Single-Loop- und das Double-Loop-Lernen sowie das „Lernen zweiter Ordnung"[8].

Das Single-Loop-Lernen ist dadurch gekennzeichnet, dass Unternehmensmitglieder auf Veränderungen der Unternehmensumwelt reagieren, indem sie auftretende Fehler in ihren eigenen Verhaltensweisen und Entscheidungen korrigieren, also eine einmalige Rückmeldeschleife durchlaufen (Argyris und Schön 2008, S. 36). Diese Anpassungen finden innerhalb des bestehenden unternehmerischen Bezugsrahmens statt; im Fokus stehen somit das Identifizieren von Umsetzungsfehlern und das Korrigieren dieser Fehler. Diese Form des organisationalen Lernens stabilisiert die bestehenden internen Prozesse und Strukturen eines Unternehmens.

Im Zuge der aktuellen Digitalisierungsanforderungen ist das Ziel der ausschließlichen Korrektur von Umsetzungsfehlern wenig geeignet den Unternehmenserfolg nachhaltig zu sichern. Ziel sollte es vielmehr sein, im Sinne disruptiver Veränderungsnotwendigkeiten, die Strategien, Strukturen und Prozesse grundsätzlich zu verändern.

---

[7]Schlüsselbeitrag wird hier tatsächlich so verstanden, dass deren Beitrag die Beiträge der übrigen Organisationsmitglieder aufschließt.

[8]Dies war das eigentliche Herzstück des Buches (Argyris und Schön 2008, S. 44), wie auch am englischsprachigen Veröffentlichungstitel „Organizational Learning II" zu erkennen ist.

Um das aus lerntheoretischer Sicht zu erreichen, erscheint das Double-Loop-Lernen zielführend. Beim Double-Loop-Lernen hinterfragt das Unternehmen zusätzlich seine aktuellen Strukturen und Prozesse im Hinblick auf die digitalen Veränderungen der Unternehmensumwelt. Voraussetzung für dieses zweischleifige Lernen ist, dass die Organisation in der Lage und bereit ist, ihre aktuellen Entscheidungskriterien, Prozesse sowie ihre Strukturen zu hinterfragen. Dies ist häufig verbunden mit einem wachsenden Grad an Unsicherheit für die Mitarbeiter.

Zwischen dem Single-Loop-Lernen und dem Double-Loop-Lernen besteht somit ein Dilemma. Während beim Single-Loop-Lernen die Innovationspotenziale nicht oder nur schwer entwickelt werden können, gibt diese Lernform den Mitarbeiter die Sicherheit einer relativ stabilen Arbeitsumgebung – auf der anderen Seite eröffnet das Double-Loop-Lernen die Chance, Innovationskräfte zu entwickeln und neue Potenziale zu erschließen bei gleichzeitiger Inkaufnahme der Unsicherheit für die Mitarbeiter.

AGYRIS und SCHÖN erweitern zusätzlich den Begriff des Double-Loop-Lernens zum „Lernen zweiter Ordnung". Diese Form des organisationalen Lernens zielt darauf, das Double-Loop-Lernen durch die Selbstreflexion über die Lernprozesse zu erweitern – der Lernprozess wird selbst zum Gegenstand des Lernens und kann sich damit dynamisch weiterentwickeln (Argyris und Schön 2008, S. 42). Dieses Konzept der Selbstreferenz des Lernprozesses findet sich wieder in den weiter vorne beschriebenen konstruktivistischen Lernansätzen und bildet eine Quelle unseres Lehr-und Trainingskonzept. Unser Instructional Design unterstützt gezielt die Metakommunikation über das Lernkonzept durch die Teilnehmer.

3.5 Lern- und Trainingsproduktivität

Die Lernproduktivität kann als Relation zwischen der eingesetzten Zeit der Teilnehmer und dem Grad der Zielerreichung für die Teilnehmer beziehungsweise für deren Unternehmen verstanden werden.

Während der „Workload" der Teilnehmer relativ einfach zu ermitteln ist[9], wird es ungleich herausfordernder den Erfolg eines Trainings oder einer Schulung zu messen. Wir stellen Ihnen hierzu drei grundlegende Theorien unseres Trainingskonzepts vor; die Self-Determination Theory (SDT – Selbstbestimmungstheorie) zur Verbesserung der intrinsischen Motivation der Teilnehmer, das ARCS-Modell

---

[9]Vielleicht noch mit der offenen Frage nach Berücksichtigung der Reisezeiten.

zur Erhöhung der Lernmotivation der Teilnehmer und das Evaluationskonzept zur Messung der Zielereichung von KIRKPATRICK.

3.5.1   Lernmotivation

Lernen ist immer auch mit dem Risiko verbunden, das eigene Weltbild oder die eigene Unternehmenswirklichkeit könnten sich verändern und damit würden sich bequeme Wahrheiten der Vergangenheit als falsch herausstellen. Es gibt 1000 Gründe nicht zu lernen. Was motiviert Menschen trotzdem zu lernen und sich zu verändern?

Traditionell kann zwischen intrinsischer und extrinsischer Lernmotivation unterschieden werden; intrinsische Motivation kommt aus dem inneren Selbst, während extrinsische Motivation von außen gesteuert wird. RYAN und DECI haben in den achtziger Jahren dieses Grundkonzept weiterentwickelt, indem sie den bis dahin postulierten Gegensatz von intrinsisch und extrinsisch auflösten. Zwar bleibt die intrinsische Motivation weiterhin wichtig und nachhaltig für Lernen und Veränderung; die Bedeutung der extrinsischen Motivation wächst jedoch, wenn diese über passive und ohne eigene freie Entscheidung (Introjektion) oder über aktive Übernahme der extrinsischen Motive und innere Akzeptanz derselben (Identifikation) verinnerlicht wird. Zusätzlich können (als sogenannte Internalisierung) die extrinsischen Ziele auch aktiv aufgenommen und mit den intrinsischen assimiliert werden (Ryan und Deci 2000).

Zahlreiche Studien zeigen, dass die höchste intrinsische Motivation durch das eigene Gefühl von **Kompetenz, Autonomie** und sozialer **Verbundenheit** entsteht.

Um nun in Lernkontexten die extrinsischen Motive (wie Erfolg, Anerkennung, Beförderung) zu internalisieren und damit handlungswirksam zu machen, ist es hilfreich, ein Gefühl von Zusammengehörigkeit und Verbundenheit sowohl zwischen den Teilnehmern untereinander als auch zwischen den Teilnehmern und dem Trainer herzustellen. Die Teilnehmer müssen sich vom Trainer respektiert und wertgeschätzt fühlen, um die Ziele und Werte des Trainings für sich selbst zu verinnerlichen (Ryan und Deci 2000). Dabei kann das Gefühl der eigenen Kompetenz zusätzlich verstärkt werden, indem den Teilnehmern ausreichend autonomer Freiraum gegeben wird.

Ein weiteres bekanntes Modell der Lernmotivation, das ARCS-Modell zielt unmittelbar auf das didaktische Design von Lern- und Trainingsveranstaltungen. Ursprünglich in den 80er Jahren entwickelt findet es inzwischen breite Akzeptanz im eLearning. Die fünf Prinzipien dieses Modells lauten: **Attention** – Aufmerksamkeit und Neugier herstellen; **Relevance** – Verbindungen zwischen den Lernstrategien mit den Zielen der Teilnehmer herstellen; **Confidence** – Vertrauen zu den Teilnehmern aufbauen; **Satisfaction** – Positive Gefühle bezüglich der eigenen Lernerfahrungen fördern; **Self-Regulation** – Selbstkontrolle und Selbstregulierung der Teilnehmer fördern (Keller 2008).

Diese Prinzipien müssen im Rahmen des didaktischen Designprozesses in den entsprechenden Entwicklungsphasen wirksam werden (Abschn. 4.1).

3.5.2 Messen der Zielerreichung

Die Bewertung des Erfolgs eines Trainings oder einer Qualifizierungsmaßnahme ist für viele Unternehmen immer noch eine hohe Herausforderung. Selbstverständlich gibt es nach jedem Kurs oder jedem Training eine Bewertung durch die Teilnehmer – aber darum geht es doch nur sekundär. Es ist eine Binsenweisheit, dass eigentlich die Mitarbeiter- und die Unternehmensperformance mithilfe von Qualifizierungsmaßnahmen verbessert werden sollen.

Welche Konzepte können hierfür genutzt werden?

Von KIRKPATRICK wurde bereits vor mehr als 60 Jahren das vierstufige Basiskonzept zur Bewertung von Trainings- und Qualifizierungsmaßnahmen entwickelt – 2016 wurde es um Evaluationsaspekte im eLearning und mobile Learning sowie um IT-gestützte Evaluationskonzepte erweitert (Kirkpatrick und Kirkpatrick 2016).

Auf der ersten Stufe (**Reaction – Reaktion**) wird ermittelt, inwieweit die Teilnehmer das Training positiv, persönlich gewinnbringend und relevant für ihre betriebliche Aufgabenstellung halten. In der Regel erfolgt diese Evaluation direkt im Anschluss an das Training – sie ermöglicht eine direkte Rückmeldung zur teilnehmerbezogenen Qualität des Trainers und der Trainingsinhalte.

Die zweite Stufe der Evaluation (**Learning – Lernen**) erfasst inwieweit die Teilnehmer sich Know-how, Skills, Kompetenzen und Einstellungen sowie Offenheit zur betrieblichen Umsetzung während des Trainings erarbeitet und angeeignet haben. Das erfolgt typischerweise unmittelbar im Anschluss an das Training. Während es relativ einfach ist, Know-how, Skills und Kompetenzen zu erfragen, ist es eher schwierig eine Veränderung von Einstellungen zu ermitteln.

Die Umsetzung des Gelernten in die betriebliche Aufgabenerfüllung wird auf einer dritten Stufe erfasst (**Behavior – Verhalten**). Um den Grad der Umsetzung ermitteln zu können, ist es erforderlich den Kontakt zu den Teilnehmern nach dem

Ende des Trainings aufrechtzuerhalten – es geht im Kern hierbei um eine Integration des Lernens mit den übrigen 90 % des 70-20-10 Referenzmodell. Zu den üblicherweise genutzten Methoden gehören Interviews, Selbstbeobachtung und Performance-Indikatoren. Die Erfassung von Verhaltensänderungen ist herausfordernd – dabei steigt der Schwierigkeitsgrad in Abhängigkeit von den beiden Parametern Komplexität der Trainingsinhalte und Homogenität der Teilnehmergruppe. Oft genug sehen wir auch, dass im Vorfeld gar keine Zielgrößen für die gewünschten Verhaltensänderungen formuliert wurden.

Auf der vierten, letzten Stufe wird ermittelt, in welchem Umfang sich durch das Training die Effizienz der Teilnehmer (**Results – Ergebnisse**) in den Unternehmen verbessert hat. Diese Verknüpfung ist, insbesondere für Themen der Unternehmensdigitalisierung, oft schwer herzustellen. Einfacher ist es beispielsweise für ein Vertriebstraining, wo Umsatzerhöhung als Maßgröße definiert werden kann. Hier ist unternehmensspezifische Kreativität erforderlich, um interne und/oder externe Indikatoren zu nutzen. Auch für diese Stufe gilt – ähnlich wie bei den Verhaltensänderungen – dass diese Evaluation erst in angemessener Zeit nach dem Ende des Trainings erfolgen kann. Angemessen wiederum wird bestimmt von unternehmensspezifischen Kontexten und Trainingsinhalten.

Abb. 3.2 zeigt diese vier Stufen im Überblick – jeweils mit den entsprechenden Kriterien.

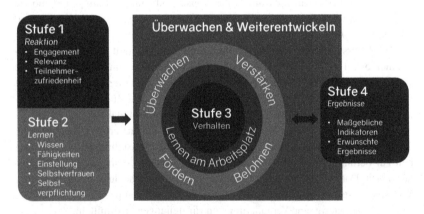

Abb. 3.2 Vier Evaluationsstufen nach KIRKPATRICK. (Kirkpatrick und Kirkpatrick 2016, S. 11)

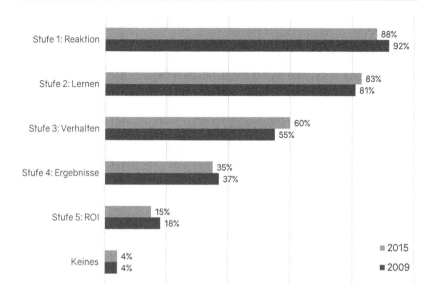

Abb. 3.3 Nutzung der fünf Evaluationsstufen zur Bewertung von Weiterbildungsmaßnahmen. (o. V. 2016)

PHILLIPS hat diesen vier Stufen eine weitere hinzugefügt, die Berechnung eines ROI **(Return on Investment – Ergebnisse)** als fünfte Stufe. Die Berechnung eines ROI ermöglicht es, eine direkte Beziehung zwischen der Mitarbeiterproduktivität und den Kosten der Teilnahme an Qualifizierungsprogrammen herzustellen. Die Methode ist jedoch kaum geeignet für einzelne Trainings- oder Qualifizierungsmaßnahmen – sie eignet sich eher für die Analyse umfangreicher Trainingsprogramme in einem Unternehmen.

Die ATD (Association for Talent Development) hat 2015 in einer Befragung ermittelt, in welchem Umfang Unternehmen diese vier beziehungsweise fünf Stufen tatsächlich evaluieren. Es zeigt sich, und das deckt sich mit unseren persönlichen Erfahrungen, dass nur die Stufen eins und zwei im Fokus stehen. Die Stufen drei, vier und fünf werden – wenn überhaupt – nur in größeren Unternehmen analysiert. Es zeigt sich allerdings auch, dass die Stufen vier und fünf in den letzten Jahren stärker in den Fokus rückten (Abb. 3.3).

Fragen

1. Wie verändert sich Ihre Organisation?
2. Wie lernt Ihre Organisation?
3. Was sind die Motive der Mitarbeiter in Ihrer Organisation, um zu lernen?
4. Wie messen Sie die Wirksamkeit einer Lern- und Trainingsmaßnahme?

Eine Didaktik zur Stärkung der Digitalisierungskompetenz

4

Liebe Leserin und lieber Leser, der englischsprachige Begriff des Instructional Designs hat sich im eLearning inzwischen durchgesetzt – dabei ist die dahinterliegende inhaltliche Aufgabe nun wirklich nicht neu. Sie haben bei der Planung von Seminaren, Kursen und Trainings schon immer didaktische Konzepte verfolgt. Trotzdem fragen wir uns, was sich verändern muss, wenn es um eine Stärkung der Digitalisierungskompetenz geht?

Drei Aspekte erscheinen uns besonders relevant: die Kurzlebigkeit der fachlichen Inhalte als Folge der hohen Innovationsrate der IT; die Chance und Notwendigkeit, Inhalte multimedial aufzubereiten sowie die fehlende Kopräsenz von Dozent/Trainer und Teilnehmern im eLearning, wodurch traditionelle didaktische Settings aufgelöst werden.

Wir beginnen mit einer kurzen Übersicht der beiden heute relevanten Vorgehensmodelle – ADDIE und SAM. Im zweiten Teil zeigen wir Ihnen, wie wir das SAM-Modell nutzen, um Kurse und Trainings für Führungskräfte und Spezialisten im Bereich der Unternehmensdigitalisierung zu entwickeln.

4.1 Vorgehensmodelle des Instructional Designs

Das traditionelle (auch heute noch weit verbreitete) Vorgehensmodell wird durch das Akronym **ADDIE** beschrieben. ADDIE steht für Analysis – Design – Development – Implementation – Evaluation.

Das Modell wurde etwa um die Jahrtausendwende im Umfeld der US-Streitkräfte konzipiert und hatte das Ziel, möglichst effektiv und effizient Trainings zu entwickeln (Allen 2012, S. 14). Es hat große Ähnlichkeiten mit dem aus der

© Springer Fachmedien Wiesbaden GmbH 2018
W. Krieger und S. Hofmann, *Blended Learning für die*
Unternehmensdigitalisierung, essentials, DOI 10.1007/978-3-658-19204-4_4

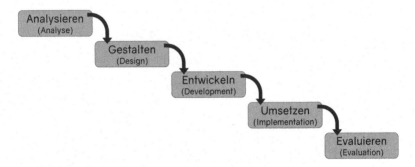

Abb. 4.1 Das klassische ADDIE-Wasserfall-Modell. (Allen 2012, S. 16)

Entwicklung von Anwendungssystemen im IT-Bereich bekannten „Wasserfall-Modell" und ist in seiner ursprünglichen Form auch ähnlich unflexibel. Deshalb hat das Modell in der betrieblichen Anwendung zahlreiche Änderungen und Erweiterungen erfahren, die versuchen, ADDIE stärker iterativ auszurichten (Abb. 4.1).

Das Modell hat die Annahme im Hintergrund, dass eine homogene Teilnehmergruppe geschult wird und dass diesen Teilnehmern etwas deutlich Abgrenzbares fehlen würde, das nun genau im Training ergänzt wird. Diese Voraussetzung trifft nur auf wenige Standardtrainigs zu; bei der Schulung digitaler Kompetenzen gar nicht; erst recht nicht, wenn eine systemisch-konstruktivistische Didaktik verfolgt wird.

In der **Analysephase** werden die didaktischen Ziele und die Ausgangssituation der intendierten Teilnehmer erarbeitet. Zusätzlich werden didaktische Ziele sowie mögliche Randbedingungen wie Zeitrahmen und Umfang der Kurse festgelegt.

In der **Designphase** werden die Inhalte in ihrer Struktur, die eingesetzten Medien, die Tests und Prüfungen sowie nochmals detailliert die Lernziele erarbeitet.

In der **Entwicklungsphase** (Development) wird das gesamte Trainingsmaterial entwickelt und intern getestet.

In der **Umsetzungsphase** (Implementation) werden nunmehr die gesamten Prozesse und Abläufe zur Durchführung des Trainings fixiert.

In der **Evaluierungsphase** wird zum Projektende erstens der gesamte Erstellungsablauf und zum zweiten der Gesamtkurs inhaltlich und bezüglich der Zielerfüllung evaluiert.

In den neueren ADDIE-Konzepten werden aus dieser Evaluation heraus, dann die anderen Entwicklungsschritte der Analyse, des Designs, der Entwicklung und Implementierung nochmals überarbeitet (Abb. 4.2).

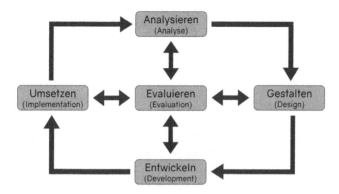

Abb. 4.2 Modifikation des klassischen ADDIE-Modells. (Allen 2012, S. 17)

Es bleibt das Problem der geringen Verzahnung und Vernetzung der Projekt-phasen sowie des langen Vorlaufs, ehe die ersten Kurse oder Lernangebote ver-fügbar sind. Zwar kann die Entwicklungs- und Umsetzungsphase inzwischen durch innovative Softwarelösungen deutlich beschleunigt werden, trotzdem hal-ten wir das ADDIE-Vorgehensmodell zur Entwicklung von Lern- und Trainings-kursen für zu langsam, zu unflexibel und zu aufwendig. Insbesondere wenn es darum geht, Digitalisierungskompetenz bei Führungskräften und Spezialisten zu stärken.

Unsere Erfahrungen zeigen, dass ein prototypisches Vorgehen den Anfor-derungen dieser sich schnell verändernden digitalen Umwelt sehr viel eher entspricht. Wir haben deshalb eine vereinfachte Version des Successive Approxi-mation Model (**SAM**) von ALLEN adaptiert (Allen 2012).

Dieses Modell erfüllt vier Kriterien, die an einen Entwicklungsprozess für Lern-und Trainingskurse gestellt werden: Der Prozess sollte iterativ sein und sehr schnell Rückmeldungen von Teilnehmern und anderen Stakeholdern ermög-lichen; der Prozess sollte Kollaboration zwischen Designern, Entwicklern und intendierten Teilnehmern ermöglichen; der Prozess sollte effizient und effektiv sein; der Prozess sollte gut und transparent vom Prozessverantwortlichen zu füh-ren sein.

SAM basiert auf den drei Schritten Evaluate (Evaluieren) – Design (Gestalten) – Develop (Entwickeln), die dann in insgesamt drei Iterationen durchlaufen werden (Abb. 4.3).

Im ersten Schritt, der Startiteration, werden die Ausgangssituation und Vorer-fahrungen sowie die Bedürfnisse und Ziele der intendierte Teilnehmer evaluiert.

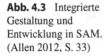

Abb. 4.3 Integrierte
Gestaltung und
Entwicklung in SAM.
(Allen 2012, S. 33)

Im zweiten Schritt werden der Ablauf und die fachliche Didaktik unter Motivationsaspekten konzipiert sowie über die jeweils eingesetzten Medien und Oberflächen entschieden.

Im dritten Schritt, der Entwicklung, werden prototypisch Beispiele für die unterschiedlichen Inhalte mit einfachen Werkzeugen erstellt.

Im nächsten Iterationsdurchlauf werden diese drei Schritte erneut durchgegangen; am Ende liegt ein durchführbarer Kurs vor, der dann mit Pilotteilnehmern durchgeführt wird. In der (vorerst) abschließenden Iteration werden die Rückmeldungen der Teilnehmer in die weitere Verbesserung des Kurses integriert (Allen 2012, S. 34 ff.).

Hilfreich ist es, danach einen kontinuierlichen Verbesserungsprozess zu institutionalisieren und sowohl Teilnehmerrückmeldungen als auch Veränderungen in den fachlichen Inhalten zeitnah anzupassen.

Die Vorteile des SAM-Vorgehens liegen darin, dass sehr schnell ein erster durchführbarer Kurs vorliegt; die spezifischen Risiken dieses Vorgehens liegen darin, dass zu früh zu stark verfeinert wird (dann wird der Änderungsaufwand in der nächsten Iteration hoch) sowie dass kontinuierlich bessere Ideen entstehen, die aber aus Zeitgründen nicht umgesetzt werden können (das führt dann zu Unzufriedenheit bei Designern und Entwicklern).

4.2   Didaktisches Design eines Führungskräftetraining

Wir stellen Ihnen einen didaktischen Designprozess vor, den wir für zweckmäßig halten, um Lern- und Trainingskurse für Führungskräfte und Spezialisten zu entwickeln. Auch an dieser Stelle gilt, wie bei jedem Lernprozess, verknüpfen Sie das gerne mit Ihren Erfahrungen und entwickeln daraus ein für Sie passendes Konzept.

Es gibt Ablaufunterschiede, in Abhängigkeit davon, ob offene Kurse oder firmeninterne Kurse gestaltet werden. Wobei wir diesen Unterschied, vor dem Hintergrund unseres didaktischen Verständnisses und unseres Vorgehensmodells, für nicht gravierend halten. Kurse sollten immer ein gewisses Maß an Individualisierungspotenzialen enthalten. Dann besteht die Möglichkeit, unmittelbar vor Kursbeginn, wenn alle Teilnehmer bekannt sind, noch Anpassungen vorzunehmen.

4.2.1 Ein Bild vom intendierten Teilnehmer erstellen

Die Frage nach dem intendierten Teilnehmer[1] setzt für jeden Kurs eine Zielgruppenanalyse voraus. Wie konkret und umfangreich sollte diese sein?

Unsere Erfahrungen zeigen, dass die Zielgruppenanalyse nicht sehr detailliert sein muss, wenn das Grundthema fixiert ist – im Bereich der Digitalisierung (auch unter dem Aspekt der agilen Kursentwicklung) muss sowieso kontinuierlich nachjustiert werden. Der modulare Aufbau der Kurse ermöglicht, dass die Teilnehmer bei Ihrem jeweiligen Wissens- und Erfahrungsstand in den eLearning-Teil der Kurse einsteigen, also beispielsweise bestimmte Lerneinheiten überspringen[2].

Unsere Vorgehensweise fokussiert deshalb vor allem auf eine grobe Einteilung der Teilnehmer in vier Gruppen, die sich teilweise mit den vorne beschriebenen Phasen eines Veränderungsprozesses überlappen (Abschn. 3.1).

Lernen und digitale Kompetenzniveaus
Der Grad der Wirksamkeit eines Lern- und Trainingskonzepts hängt wesentlich davon ab, in welcher Phase des Veränderungsprozesses sich die Organisation befindet und welche Ziele die Organisation im Umfeld einer wachsenden Digitalisierung verfolgt.

In Abhängigkeit vom Stand der Digitalisierung werden von den intendierten Teilnehmern unterschiedliche Kompetenzniveaus erwartet. Für das didaktische Design ist es hilfreich, sich das Modell der Kompetenzstufen anzuschauen – ein Modell aus der Entwicklungspsychologie, das in den siebziger Jahren des letzten Jahrhunderts von BURCH entwickelt wurde (Shepherd 2015) und vier Stufen unterscheidet:

---

[1]Der Begriff des „intendierten Teilnehmers" ist angelehnt an den Begriff des „intendierten Lesers" in der Narratologie; hier im eLearning wie dort in der Erzählung ist der Leser beziehungsweise Lerner alleine mit dem Text oder dem Lernmaterial und er wird in beiden Fällen den Freiraum nutzen, den Text und das Lernmaterial mit seinen eigenen Erfahrungen und Interessen zu verknüpfen.

[2]Dies ist ein wichtiger Vorteil von eLearning gegenüber klassischen Classroom-Seminaren.

Auf der untersten Stufe sprechen wir von **„unbewusster Inkompetenz"** – die digitale Welt sieht so einfach aus, es kann doch nicht so schwer sein, es den Experten gleichzutun.

Die zweite Stufe wird als **„bewusste Inkompetenz"** bezeichnet – die Welt ist doch schwieriger, ich bin nicht sicher ob ich es tatsächlich schaffen werde. Leider enden viele Lern- und Trainingskurse genau in dieser Phase; die Teilnehmer merken, dass eine notwendige Kompetenz oder ein notwendiges Wissen nur mit weiterer Anstrengung erworben werden könnte, aber es gibt keine Unterstützung hierfür.

Die nächste Stufe, die **„bewusste Kompetenz"** wird erreicht, mit weiterer Lern- und Trainingsunterstützung – ich merke, dass ich beginne, ein Thema zu beherrschen.

Die vierte Kompetenzstufe **„unbewusster Kompetenz"** – die digitale Welt ist doch wirklich ganz einfach, warum habe ich mir das so schwierig vorgestellt.

Die Anwendung dieses Modells der Kompetenzstufen auf Veränderungsprojekte im Zuge der Unternehmensdigitalisierung zeigt, dass besonders in mittelständischen Unternehmen Führungskräfte und Spezialisten sich noch oft auf der Stufe der „unbewussten Inkompetenz" befinden[3]. Exemplarisch zeigt sich das in einer Studie der Bitkom, dreiviertel der mittelständischen Unternehmen gehen davon aus, die Digitalisierung alleine zu bewältigen – hier wird deutlich, wie massiv die zukünftigen Wirkungen der Digitalisierung unterschätzt werden (o. V. 2017).

Für das didaktische Design eines Trainings oder einer Qualifizierungsmaßnahme bedeutet das, beispielsweise in der ersten Phase eines Veränderungsprojekts die Teilnehmer auf das nächste Kompetenzniveau der „bewussten Inkompetenz" zu heben. Indem das Veränderungsprojekt voranschreitet, werden dann im Projektablauf neue Qualifizierungsziele formuliert, um ein höheres Kompetenzniveau zu erreichen.

Zur Anpassung zwischen dem Lern- oder Trainingskurs mit dem intendierten Teilnehmer dient auch die veröffentlichte Kursbeschreibung, in der die Zielgruppen und notwendige Vorkenntnisse explizit genannt werden.

Vom Lernevent zum Lernprozess
Formales Lernen wird in der Regel als abgeschlossenes Event (Seminar, eLearning) durchgeführt. Teilnehmer fahren zu einem Seminar, das ein, zwei oder drei Tage dauert, um anschließend nach Hause zu fahren – und dann alleine am

---

[3] „Die Einführung eines ERP-Systems, das kann noch nicht so schwer sein" oder „die elektronische Anbindung unserer Kunden, das bekommen wir mit ein paar eingekauften Beratertagen hin".

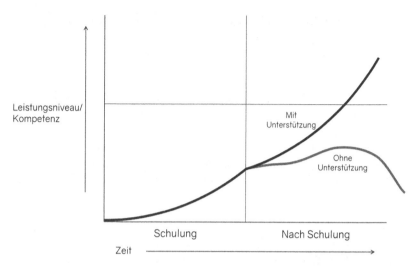

Abb. 4.4 Der Zusammenhang zwischen Lernen und Produktivitätszuwachs. (Rosenberg 2013)

Arbeitsplatz das Gelernte anzuwenden. Nur die Realität sieht oft anders aus; jeder ist schon einmal nach dem Ende eines Seminars oder Trainings bereichert nach Hause gefahren, mit dem festen Vorsatz das Gelernte umzusetzen – im Tagesgeschäft ist dann doch viel versandet[4].

Empirische Untersuchungen (Abb. 4.4) belegen diesen Zusammenhang.

Unsere Trainings enden deshalb grundsätzlich nicht mit dem Ende – wie diese ja auch bereits vor dem Anfang anfangen (Abschn. 5.1); wir begleiten die Teilnehmer nach dem Ende des Kurses weiter.

In der Praxis werden hierfür unterschiedlichste Methoden genutzt (Weber 2014) – verstärkende Konzepte (wie Folgeveranstaltungen, Follow-ups mit Kollegen, ergänzende asynchrone Trainingsmodule oder elektronische Communitys), ermutigende Konzepte (wie Coaching, Mentoring, Online-Communities) sowie belohnende Konzepte (wie Zielvereinbarungen oder Belobigungen). Wir setzen ausschließlich IT-basierte Kollaborationswerkzeuge als Online-Community hierfür ein.

---

[4]Viele Trainer kennen das Problem; mit kleinen Tricks (die Teilnehmer schreiben einen Brief an sich selbst, den sie dann 4 Wochen später zugesandt bekommen), wird manchmal versucht das Problem zu lösen.

Die Erwartungshaltung in Bezug auf das Konzept „vom Lernevent zum Lern-prozess" gehört mit in das Bild vom intendierten Teilnehmer – was ist seine Erwartungshaltung und welche Bereitschaft lässt sich voraussetzen zum Anwen-den und zum Lernen nach dem Kurs?

4.2.2   Design

Das Kursdesign des Kurses gliedert sich in die beiden Aufgaben der fachlichen und der medialen Konzeption sowie der Verknüpfung dieser Bereiche. Ausgangs-punkt des Designs ist der geplante Workload für die Teilnehmer. Wir halten in einem nebenberuflichen Kurs einen wöchentlichen Workload von fünf bis acht Zeitstunden über einen Zeitraum von zwei bis drei Wochen für angemessen, um nachhaltige Lern- und Trainingserfolge zu erzielen. Ein wöchentlicher Workload von unter fünf Stunden setzt zu geringe Lernimpulse.

Die **fachliche Konzeption** ist vergleichbar mit der Entwicklung traditioneller Kurse und Trainings. Unter Berücksichtigung der Kompetenzniveaus der inten-dierten Teilnehmer werden fachliche Inhalte spezifiziert.

Unsere Blended Learning Kurse bestehen grundsätzlich aus den folgenden Bausteinen, die in dieser zeitlichen Reihenfolge angeboten und kontinuierlich von einem Moderator begleitet werden:

- Begrüßungsvideo,
- Kick-off-Seminar als Classroom-Event
- Lernmaterialien auf einer Lernplattform
- Übungen und Tests auf einer Lernplattform
- Telefon-und Webkonferenzen
- Abschlussseminar als Webkonferenz
- Abschlusszertifikat
- Lern-und Umsetzungsbegleitung nach dem Abschlussseminar mittels einer Online Community

Es wird ein Konzept entwickelt, das die intrinsische Motivation der Teilnehmer verbessert. Dazu wird der soziale Aspekt des Lernens gefördert, indem der Aus-tausch der Teilnehmer untereinander sowie der Austausch mit dem Trainer durch Foren, Telefon-und Webkonferenzen sowie durch eine kontinuierliche begleitende Moderation gestaltet wird und es wird zusätzlich den Teilnehmern das Gefühl von Kompetenz vermittelt, indem kursbegleitende Tests und Fragen integriert werden.

Um Informationen und fachliche Inhalte bereitzustellen, stehen in allen diesen Bausteinen folgende Know-how-Träger zur Verfügung:

- Moderator
- Special Matter Experts (sowohl kopräsent im Kick-off als auch asynchron im eLearning)
- Autoren (selbst erstelltes Material und frei verfügbares anderes Material als Text, Audio und Video)
- Teilnehmer

Die Kernaufgabe des Designs besteht darin, die fachlichen Inhalte auf die genannten Kurs-Bausteine (in einer angemessenen zeitlichen Reihenfolge) zu verteilen und dabei die Kohärenz aller Bestandteile sicherzustellen.

Die Kurs-Kohärenz wird unter anderem dadurch gesichert, dass eine stringente Struktur über den gesamten Kurs mit einer Laufzeit von 2–3 Wochen umgesetzt wird. Um die Flexibilität zu sichern, wird dieser vollständig modularisiert – ein Modul ist eine in sich geschlossene, thematische Einheit innerhalb eines Kurses, ein Kapitel ist eine in sich geschlossene, thematische Teileinheit eines Moduls und Lernmaterialien sind die kleinste didaktische Einheit innerhalb eines Kapitels. Des Weiteren wird die Kohärenz gesichert, indem über den gesamten Kurs eine semantisch-logische Beziehung aller benutzten Begriffe hergestellt wird. Das erfordert für Fremdmaterial oftmals eine fachliche Rahmung und Einordnung des Materials. Als dritten Aspekt zur Stärkung der Kohärenz nutzen wir durchgängige Beispiele oder durchgängige Storys für den Kurs.

Im nächsten Schritt ist dann matrixartig festzulegen, welche Know-how-Träger welche fachlichen Inhalte in welchem Baustein zu welcher Zeit transportieren.

Eine besondere Rolle kommt dabei den Special Matter Experts zu, deren Einbindung es ermöglicht, ein breites Lösungsspektrum vorzustellen. Wichtig ist dabei die fachliche und didaktische Rahmung dieser Experten. Wie in Abschn. 3.2 ausgeführt, ist es für den Lernerfolg wichtig, Abhängigkeiten, Strukturen und Parameter dieser vorgestellten Erfahrungsbeispiele zu erläutern, um deren Anwendungsnutzen transparent zu machen.

Baustein- und medienübergreifend hat sich als ordnendes Strukturierungskriterium in Kursen zur Stärkung der Digitalisierungskompetenz bewährt, dass vom „Allgemeinen" zum „Speziellen" vorgegangen wird. Wir starten mit allgemeinen Informationen zu den Digitalisierungsnotwendigkeiten, vertiefen dann im nächsten Schritt die grundsätzlichen Digitalisierungsstrategien, um dann konkrete Teilfunktionen zu erläutern.

Die **mediale Konzeption** entscheidet über die Zuordnung von fachlichen Inhalten zum Bereitstellungsmedium. Als Medien steht das gesamte Spektrum von Sprache über Text und Video zur Verfügung – unabhängig ob selbst erstellt oder aus frei verfügbaren Quellen im Internet generiert.

Die Zuordnung der fachlichen Inhalte orientiert sich an zwei Kriterien; zum einen die fachliche Zuordnung zu Know-how-Trägern und zum zweiten halten wir einen häufigen Wechsel zwischen den Medien innerhalb der Module für hilfreich, um Aufmerksamkeit und Neugier der Teilnehmer zu fördern (in Anlehnung an das ARCS-Konzept).

Alle online bereitgestellten Lernmaterialien haben eine Länge von 5 bis 10 min, unabhängig davon in welchem medialen Format sie erstellt werden. Das reduziert die Komplexität für die Teilnehmer und verbessert die Chance, dass Lernen tatsächlich passiert.

Da wir uns in der ersten Iteration der Kursentwicklung befinden – in den nächsten Iterationen kann hier ergänzt und verändert werden – sollte zu diesem Zeitpunkt nicht zu detailliert gestaltet werden.

4.2.3 Entwicklung

Für die Entwicklung ist relativ früh über die eingesetzten Werkzeuge zu entscheiden, da möglicherweise Dateiformate in weiteren Iterationsschritten nicht kompatibel sind. Unsere Erfahrungen zeigen, dass Werkzeugen, die schnell zu ersten präsentablen Lernergebnissen führen, den Vorzug zu geben ist, vor komplexen und zeitaufwendigen Werkzeugen.

Im Rahmen der Entwicklung ist stets abzuwägen zwischen der fachlichen und medialen Qualität einerseits und dem Erstellungsaufwand für Lernmaterialien andererseits. Dies ist zuerst eine wirtschaftliche Frage, deren Antwort durch die Parameter Zahl der Kursteilnehmer auf der einen Seite und kontinuierliche Innovation im Digitalisierungsumfeld auf der anderen Seite bestimmt wird.

Unsere Erfahrungen zeigen, dass keine Abstriche bei der teilnehmerbezogenen fachlichen Qualität gemacht werden sollten, hingegen bei der medialen Qualität für Video und Audio sich auf einen guten Standard zu begrenzen.

Insbesondere die Videoherstellung ist aufwendig, deshalb sollten zwar Tonqualität, Schnitt, Licht, Intro und Outro in Ordnung sein (auch eine einfache und klare Dramaturgie sollte erkennbar sein), es erscheint uns in aller Regel nicht notwendig, professionelle Filmagenturen zu beauftragen. Wir setzen Videoformate für Softwaredemos, Vorträge (mit Lightboard, Tafel oder Flipchart), Interviews mit SMEs (Special Matter Experts) und Powerpoint-Casts ein.

Ein zweiter, oft aufwendiger Bereich ist die Herstellung von Audios; entweder isoliert oder als Teil von Folien-Casts. Unsere Erfahrungen der letzten Jahre sprechen sehr klar gegen den Einsatz von professionellen Sprechern. Zwei Gründe sind dafür maßgeblich; zum einen ist die Vorbereitung sehr aufwendig und zeitintensiv, da die Sprechtexte vollständig ausformuliert werden müssen, zum zweiten ist ein frei gesprochener Text sehr viel authentischer und erreicht die Lernenden besser und direkter.

Bei der Herstellung von Texten ist zu beachten, dass die Lesbarkeit der Texte an erster Stelle stehen muss – wissenschaftlich formulierte Texte sind nicht hilfreich, um Teilnehmer mitzunehmen.

Die Einbindung von Special Matter Experts erfolgt über Videointerviews und in Einzelfällen auch über Audiointerviews – insofern gelten hier die formulierten Anforderungen zur Video- und Audioerstellung.

Die technische Infrastruktur zur Kursdurchführung erfordert keine eigene Entwicklung, hier sollten weitgehend Standardsysteme eingesetzt werden.

Für Web- und Telefonkonferenzen empfehlen sich Marktangebote, die hohe Sprach- und Videoqualität (Video nur zum Teilen von Materialien – niemals zum Betrachten von Gesichtern und Schreibtischen der Teilnehmer) trotz manchmal beschränkter Netz-Bandbreiten der Teilnehmer bietet.

Als Lernplattform (Learning Management System) sollte ein cloudbasiertes Standardsystem genutzt werden, das ein responsives Design auf Basis von HTML5 ermöglicht. Die am Markt angebotenen Systeme unterscheiden sich nicht grundsätzlich in ihren Funktionalitäten – größer sind die Unterschiede bei der Einrichtung, dem Management, der Integrationsfähigkeit sowie der Konfigurierbarkeit der Systeme. Im Rahmen der Kurs-Entwicklung ist das LMS kursbasiert zu konfigurieren.

Als Kollaborationsplattform sollte ebenfalls ein cloudbasiertes Standardsystem eingesetzt werden. Auch dieses sollte zwingend responsive sein und auf Basis von HTML5 arbeiten. Im Rahmen der Entwicklung ist auch die Kollaborationsplattform kursbasiert mit relevanten Themenbereichen zu konfigurieren.

4.2.4 Evaluation und kontinuierliche Weiterentwicklung

In der erstmaligen Entwicklung eines Kurses wird nunmehr über zwei weitere Interationsstufen der Kurs in ein fertiges Produkt überführt. Neben laufenden Abstimmungen mit den Stakeholdern gehört auch ein Pilotdurchlauf zu diesen Iterationsschritten.

Nachdem der Kurs am Markt positioniert ist, beginnt die kontinuierliche Weiterentwicklung des Kurses; das ist für Trainings im Bereich der digitalen Kompetenzen essenziell. Die Weiterentwicklung speist sich aus drei Quellen: an erster Stelle stehen die direkten Rückmeldungen der Teilnehmer – dazu sind im Kickoff, auf der Lernplattform und während der Abschluss-Webkonferenz zahlreiche Feedback-Schleifen eingebaut; an zweiter Stelle steht die laufende projektinterne Evaluation, die kontinuierlich Ergebnisse und Verhalten der Teilnehmer beobachtet; dritte Quelle für die Weiterentwicklung des Kurses sind Veränderungen im Bereich der Unternehmensdigitalisierung.

Alle diese Rückmeldungen sind zeitnah mit den Stakeholdern abzustimmen und in die Kurse zu integrieren.

Fragen

1. Was sind Ihre Erfahrungen mit dem Konzept der digitalen Kompetenzniveaus?
2. Wie häufig haben Sie Impulse aus Lern- und Trainingsmaßnahmen mit dem Vorsatz, diese umzusetzen, mitgenommen; es aber dann doch versäumt, sie umzusetzen?
3. Wie viele Lern- und Trainingsmaßnahmen haben Ihre Erwartungen in etwa erfüllt?
4. Wie verzahnen Sie in Ihrem Unternehmen formales Lernen mit der Weiterentwicklung von Arbeitsprozessen?

Umsetzung eines erweiterten Blended Learning für Führungskräfte

Liebe Leserin und lieber Leser, warum ist Blended Learning erfolgreicher als andere Lernkonzepte?

Der entscheidende Unterschied zu Classroom-Seminaren und Webinaren liegt darin, dass sich Blended Learning vom eventgetriebenen Lernen verabschiedet und eine prozessorientierte Lernbegleitung bietet.

In diesem Kapitel stellen wir Ihnen ein Kurskonzept vor, das im Bereich der Qualifizierung digitaler Kompetenzen in mehreren Projekten und in der Zusammenarbeit mit Unternehmen seit mehreren Jahren erfolgreich durchgeführt wird.

Wir beschreiben keine fachlichen, auf Digitalisierung bezogenen Kursinhalte – zum einen weil für unterschiedliche Teilnehmergruppen auch unterschiedliche Lerninhalte notwendig sind und zum zweiten, weil unser Konzept auch mit anderen Themen und Inhalten umgesetzt werden kann.

Wir beschreiben unsere Kurse als Small Private Online Courses (SPOC). Wir empfinden diese Bezeichnung als sehr treffend; das Konzept skaliert nicht, sondern endet bei einer Gruppengröße von etwa 20 Teilnehmern, weil der Kick-off, die notwendige Moderation sowie die Telefon- und Webkonferenzen in größeren Gruppen nicht mehr teilnehmerorientiert durchgeführt werden können.

Abb. 5.1 zeigt die Kursbestandteile in ihrer strukturellen Anordnung.

Die Gliederung der nachfolgenden Abschnitte entspricht der zeitlichen Ablaufreihenfolge innerhalb eines Kurses.

© Springer Fachmedien Wiesbaden GmbH 2018
W. Krieger und S. Hofmann, *Blended Learning für die Unternehmensdigitalisierung,* essentials, DOI 10.1007/978-3-658-19204-4_5

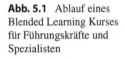

Abb. 5.1 Ablauf eines
Blended Learning Kurses
für Führungskräfte und
Spezialisten

5.1 Abholen der Teilnehmer vor dem Anfang

Im ersten Schritt holen wir die zukünftigen Teilnehmer aus ihrer Arbeitswelt ab.
Unmittelbar nach der Anmeldung zu einem Kurs bekommen Sie ein Video bereitgestellt, das die Kursziele sowie die wesentlichen Inhalte aus unserer Sicht vor-
stellt. Gleichzeitig werden die Referenten sowie das Blended Learning Konzept
vorgestellt. Das Video hat eine Laufzeit von maximal fünf Minuten.

Außerdem werden die Teilnehmer nochmals auf den Ort, die Zeit und die
sonstigen Rahmenbedingungen des Kick-off-Seminars hingewiesen.

In Abhängigkeit vom Kursinhalt verweisen wir auch bereits an dieser Stelle
auf Material, dass im Vorfeld angeschaut werden sollte.

Ziel dieses ersten Schulungsschrittes ist es, die Teilnehmer auf den Kurs einzustimmen und damit sicherzustellen, dass sie ein klares Bild vom Gesamtkurs
und vom Ablauf bekommen. Wir verhindern damit den oft zu beobachtenden
Effekt, dass die Teilnehmer gestresst von der Anreise und nur mit wenigen gro-
ben Informationen zum Kick-off kommen und viel Zeit darauf verwendet werden
muss, die Teilnehmer auf den Kurs einzustimmen.

Unsere Erfahrungen zeigen, dass sich etwa dreiviertel aller Teilnehmer das
Video vor dem Kick-off anschauen.

5.2   Kick-Off-Seminare als formaler Beginn des Lernprozesses

Das Kick-Off-Seminar wird als Classroom-Seminar durchgeführt. Dieses Format ermöglicht kopräsentes Lernen und erlaubt somit gleich zu Beginn des Kurses ein wertschätzendes Abholen der Teilnehmer bei ihren spezifischen Vorerfahrungen und ihren spezifischen Kurs-Erwartungen. Bei den spezifischen Vorerfahrungen zielen wir auf die fachlichen Aspekte zum Digitalisierungsstand, zum Veränderungsmanagement sowie zu Trainingserfahrungen, insbesondere im eLearning. Außerdem erfragen wir die persönlichen Kursziele der Teilnehmer.

Neben diesen mehr inhaltlichen Komponenten, erhalten die Teilnehmer die Möglichkeit, sich untereinander kennenzulernen und Face-to-Face auszutauschen. Außerdem lernen sie den Kursmoderator und möglichst einen der beteiligten SMEs (Special Matter Experts) kennen.

Ein weiterer wichtiger Motivationsaspekt liegt darin, dass Teilnehmer einen zusätzlichen individuellen Aufwand in Kauf nehmen (Anreisezeit und Reisekosten), um an diesem Kurs teilzunehmen – unsere Erfahrungen zeigen, dass dies das Commitment der Teilnehmer erhöht und insgesamt die Wahrscheinlichkeit für eine erfolgreiche Kursteilnahme steigt.

Inhaltlich gliedert sich das Kick-off-Seminar in drei Teile:

- Begrüßung, Vorstellungsrunde, Ziele und Erwartungen der Teilnehmer
- Fachlicher Input zum Thema des Kurses durch einen Special Matter Expert
- Erläuterung und Vorstellung der Online-Plattform für die folgende eLearning-Phase durch den Moderator des Kurses

Wir halten eine Zeitdauer von 3,5 bis 4 h für angemessen, um einerseits die beschriebenen Ziele und Inhalte zu transportieren und andererseits den Reiseaufwand der Teilnehmer zu begrenzen.

Am Ende des Kick-offs sollte eine gute Aufbruchstimmung für den eLearning-Teil des Kurses herrschen und die Teilnehmer reisen voller positiver Erwartungen zurück an ihren Arbeitsplatz oder Heimatort.

5.3   Lernmaterial auf der Lernplattform

Die Lernplattform (Learning Management System – LMS) ist konzipiert für selbstständiges Lernen der Teilnehmer. Das bedeutet, dass Lernende und Lehrende zeitlich und räumlich getrennt sind[1], der Lernende kann somit auch keine unmittelbare Rückmeldung über das Verstandene abgeben (im nächsten Abschnitt erläutern wir Ihnen, wie unser Konzept zumindest zeitnah solch einen Abstimmungskreis zwischen Lehrenden und Lernenden ermöglicht).

Wir nutzen das LMS Moodle™, das sich als Open Source Software von der Benutzeroberfläche individuell sehr umfänglich anpassen lässt. Die Bereitstellung des Systems erfolgt als cloudbasierter Service, um die Flexibilität sicherzustellen.

Die bereitgestellten Lernmaterialien müssen überschneidungsfrei zu Kapiteln und Lernmodulen zusammengefügt werden, damit die Teilnehmer den roten Faden niemals verlieren. Ergänzend zeigt ein Fortschrittsbalken jedem Teilnehmer, an welcher Stelle des Kurses er im Moment steht[2].

Alle Lernmodule folgen demselben analogen Aufbau:

1. Ziele des Moduls und benötigter Lernaufwand für die Teilnehmer (Workload)
2. Kurze textliche Beschreibung der Inhalte des Moduls
3. Didaktisch orientierte Anordnung des gesamten Materials in Kapiteln; dabei werden die unterschiedlichen Medienformate innerhalb der Kapitel gemischt, um die Aufmerksamkeit der Teilnehmer zu erhöhen.
4. Für jedes Kapitel wird wiederum zu Beginn der Workload genannt
5. Ergänzendes Material, das nicht zum Workload gerechnet wird; hier wird den Teilnehmern „Bonusmaterial" geschenkt[3], das die Chance bietet, den Blick zu erweitern, ohne dass zusätzlicher Lerndruck aufgebaut wird.
6. Testfragen und Übungen am Ende jedes Moduls (Ziel und Art der Fragen und Übungen erläutern wir im Abschn. 5.4)
7. Feedback-Aufforderung an die Teilnehmer am Ende jedes Moduls (Ziel und Art des Feedbacks erläutern wir im Abschn. 5.5)

---

[1]Häufig wird diese Art des Lernens auch als asynchrones Lernen bezeichnet.

[2]Denkbar ist auch ein Wettbewerb; so dass jeder Teilnehmer seinen Fortschritt in Bezug zu den anderen Teilnehmern sieht. Wir raten davon ab, da gerade die autonome Kursbearbeitung ein hohes Motivationspotential bietet.

[3]„geschenkt" ist hier ganz bewusst gewählt; genau dieses Gefühl soll bei den Teilnehmern entstehen.

8. Abschluss des Moduls; dieser steht in keinem fachlichen Zusammenhang mit dem Modul – das kann eine kleine Geschichte sein oder ein Video-Link oder ein Tondokument. Ziel ist es, die Teilnehmer für einen Moment in eine lustvolle Distanz zum Lernmaterial zu bringen.

Alle Teilnehmer arbeiten autonom auf der Lernplattform; wie vorne beschrieben ein wichtiger Aspekt der intrinsischen Motivation (Abschn. 3.5.1). Das gesamte Lernmaterial steht von Beginn an zur Verfügung und über die Reihenfolge der Bearbeitung entscheidet jeder Teilnehmer eigenverantwortlich.

Der gesamte eLearning-Teil auf der Lernplattform wird kontinuierlich von einem Moderator moderiert und von einem SME begleitet. Zusätzlich wird ein Online-Forum bereitgestellt, das der Kommunikation der Teilnehmer untereinander als auch der Kommunikation zwischen Moderator, SME und Teilnehmern dient.

Auf der Lernplattform werden die Teilnehmer zu Beginn erneut aus ihrer aktuellen beruflichen Situation aktiv abgeholt. Im Rahmen der Tests und Übungsaufgaben werden sie gebeten zum ersten ihre persönlichen Ziele, die sie mit dem Kurs erreichen wollen und zum zweiten die Ziele und Erwartungen, die ihr Arbeitgeber mit dem Besuch des Kurses verbindet, zu formulieren.

5.4   Übungen und Tests auf der Lernplattform

Übungen und Tests begleiten die Teilnehmer durch den gesamten Kurs.

Jedes Modul schließt mit einer Übung oder einem Test ab; wir setzen hierbei einen Mix unterschiedlichster Formate ein, neben Wahr-Falsch-Fragen und Multiple Choice-Fragen tragen vor allem die Freitextfragen eine wichtige didaktische Rolle. Die freie Formulierung von Antworten ist stets nachhaltiger als das Ankreuzen von Antworten. Freitextfragen werden häufig so formuliert, dass die Teilnehmer eine direkte Verknüpfung der Kursinhalte mit ihren betrieblichen Arbeitsaufgaben herstellen sollen.

Die Freitextfragen werden vom Moderator wertschätzend kommentiert und bewertet; so entsteht bei den Teilnehmern das Gefühl kontinuierlich betreut zu werden und den Kurs in einer virtuellen Gemeinschaft zu absolvieren.

Die automatische oder manuelle Bewertung der Tests und Übungen summiert sich dann zu einem Punktwert, der zu einer qualifizierten Teilnahmebestätigung führt.

Die Übungen und Tests verfolgen jedoch neben dieser traditionellen Funktion der Erfolgskontrolle ein zweites didaktisches Ziel – die nochmalige Beschäftigung der Lernenden mit einem spezifischen Aspekt der bereitgestellten Lernmaterialien. Empirische Untersuchungen zeigen, dass mittels dieser Fragen, die zum Lernmaterial gestellt werden, sich die Lerninhalte stärker verankern. Dabei ist für den Schwierigkeitsgrad der Tests und Übungen ein guter Mittelweg zwischen „Herausforderung für die Teilnehmer" und „einfache Wiederholungen" zu finden (Allen 2012, S. 25 ff.).

Für die Teilnehmermotivation ist die wertschätzende Rückmeldung zu den Tests und Übungen durch den Moderator von sehr hoher Bedeutung.

5.5   Kontinuierliches Feedback auf der Lernplattform

Die Teilnehmer werden gebeten während des gesamten Kurses Feedback zu geben.

Jedes Modul endet mit einem Angebot zum Feedback; wir setzen hierbei einen Mix unterschiedlichster Formate ein, neben Multiple-Choice-Rückmeldungen zu Struktur und zum Inhalt sowie zur beruflichen Relevanz des Moduls ermöglichen Freitextfelder detaillierte und individuelle Rückmeldungen.

Gezielt fragen wir auch nach Fehlendem, da der Moderator zusätzliches Material auf die Lernplattform einstellen kann oder aber das genannte Thema in die Abschluss-Webkonferenz aufnehmen kann. Damit besteht die Chance, auf enttäuschte Teilnehmererwartungen schnell zu reagieren und damit Demotivation zu verhindern.

Das Feedback fließt zusätzlich unmittelbar in die Weiterentwicklung des Lern- und Trainingskonzepts ein.

5.6   Begleitende Telefon- und Webkonferenzen

Für den Kurserfolg ist der beständige Dialog mit den Teilnehmern essenziell. Wir begleiten deshalb das eLearning auf der Lernplattform durch ein Forum und eine stets sehr kurzfristig auf Fragen reagierende Moderation. Erfahrungsgemäß wird die schriftliche Kommunikation über ein Forum nur wenig genutzt und die Schriftform bietet auch nur geringe Ansätze zum intensiven Austausch.

Wir unterstützen deshalb die Selbstlernphase zusätzlich durch Telefon- und Webkonferenzen, eine Form, die kopräsentes Lernen ermöglicht – damit gelingt es, die fachlichen Inhalte immer wieder aufs Neue mit den betrieblichen Wirklichkeiten der Teilnehmer zu verzahnen und Lernimpulse zu setzen.

Die Umsetzung erfolgt dabei so, dass einmal pro Woche eine Telefonkonferenz zu einem definierten inhaltlichen Thema stattfindet; dazu wird ein SME (Special Matter Expert) eingeladen, der ein fünf- bis siebenminütiges Impulsreferat hält. Anschließend besteht für die Teilnehmer die Möglichkeit, zu diesem konkreten Thema zu fragen oder aber auch jede andere Frage zum Kurs zu stellen.

Aus didaktischer Sicht ermöglichen diese Telefonkonferenzen, ergänzende fachliche Lernimpulse durch einen SME zu setzen. Auch Aspekte, die von den Teilnehmern im Feedback angesprochen werden, können hier aufgegriffen werden.

Es kommt immer wieder vor, dass Teilnehmer verhindert sind an einer der Telefonkonferenzen teilzunehmen; um dann zumindest die zusätzlichen fachlichen Lernimpulse weiterzugeben, werden die Telefonkonferenzen aufgezeichnet und auf der Lernplattform zur Verfügung gestellt.

5.7 Abschluss-Webkonferenz

Nach dem Ende der Selbstlernphase, die in Abhängigkeit von den Kursinhalten und dem geplanten Workload zwei bis drei Wochen dauert, setzen wir einen formalen Schlusspunkt durch die abschließende Webkonferenz.

Die Webkonferenz gibt einen Rückblick auf die Selbstlernphase, zielt aber primär darauf, mit den Teilnehmern kopräsent nochmals in einen Umsetzungsdialog zu kommen.

Inhaltlich gliedert sich die Abschluss-Webkonferenz in drei Teile:

- Rückblick auf die Selbstlernphase durch den Moderator und durch die Teilnehmer; hier wird auch Bezug genommen auf die zu Beginn formulierten Ziele und Erwartungen der Teilnehmer – gibt es möglicherweise noch Fehlendes, das in der Webkonferenz geklärt werden muss.
- Fachlicher Input zum Thema des Kurses durch einen SME; dieser zielt auf die Umsetzung des Gelernten mit konkreten nächsten Schritten.
- Beantwortung von Teilnehmerfragen durch Moderator und SME. Die Fragen kommen aus dem Feedback auf der Lernplattform und werden ergänzt durch direkte Fragen aus der Diskussion während der Webkonferenz.
- Erläuterung und Vorstellung der Online-Community für die weitere Begleitung der Teilnehmer.

Wir halten eine Zeitdauer von 2 bis 2,5 h für angemessen, um die beschriebenen Ziele und Inhalte zu transportieren; danach würde die Aufmerksamkeit in der Webkonferenz deutlich absinken.

Mit dem Abschluss dieser Webkonferenz geht der Lern- und Trainingskurs in die begleitete Online-Community über. Die Teilnehmer sollten jetzt motiviert sein, dort aktiv mitzuarbeiten – aber unsere Erfahrungen zeigen, dass in Anbetracht der allgemeinen Informationsflut zum Thema Digitalisierung, dies eine herausfordernde Aufgabe ist.

5.8   Abschlusszertifikat

Das Abschlusszertifikat hat für die Teilnehmer erfahrungsgemäß einen hohen Stellenwert. Um dieses werthaltig zu gestalten, ist es an die Erfüllung folgender Voraussetzungen gebunden; Teilnahme am Kick-off und an der Abschlusswebkonferenz sowie 65 % der insgesamt erreichbaren Punkte aus den Tests und Übungen während der Selbstlernphase.

Gleichzeitig legen wir großer Wert darauf, dieses wertschätzend zu gestalten. Dazu erstellen wir eine grafisch aufwendige Teilnahmeurkunde, die handschriftlich vom Moderator und vom SME unterschrieben und persönlich adressiert versandt wird.

Die Motivation der Teilnehmer, ein Abschlusszertifikat zu erreichen ist sehr hoch, da dieses neben der persönlichen Erfolgsbestätigung auch ein Nachweis gegenüber dem Arbeitgeber darstellt.

5.9   Begleitung nach dem Ende mittels einer Online-Community

Basierend auf dem vorne erläuterten 70-20-10 Paradigma erweitern wir das formale Lernen (den 10-Prozent-Anteil) um kollaboratives Lernen in sozialen Zusammenhängen (den 20-Prozent-Anteil). Zwar ermöglichen wir bereits während des formalen Kurses mit allen kopräsenten Anteilen das soziale Lernen, zusätzlich wird über eine Online-Community nun versucht, dies in einen virtuellen Austausch untereinander zu überführen. Dazu werden die Teilnehmer kursübergreifend, sofern es sich um den gleichen inhaltlichen Kurs handelt, in einer virtuellen Gruppe auf der Kollaborationsplattform zusammengeführt.

Wir setzen dafür das cloudbasierte System JAM™ der SAP ein; dieses System ist durchgängig für unterschiedlichste Betriebssysteme und Endgeräte geeignet und unternehmensübergreifend nutzbar.

Die wesentlichen von uns genutzten Funktionen dieses Kollaborationswerkzeugs liegen in der Kommunikation innerhalb der Gruppe, im Abonnement von Themen und Beiträgen, in der Absprache von Follow-up Aufgaben sowie als Wissensdatenbank mit der Möglichkeit, Videos und beliebige andere Inhalte zu teilen.

Fachlich fokussieren wir uns auf Themen, die den Austausch untereinander fördern. Das sind vor allem Neuigkeiten zu den Lerneinheiten im Kurs, ergänzende weitere Themen, die zusätzliche Relevanz nach dem Kurs bekommen haben sowie neue Kursangebote. Außerdem geben wir kontinuierlich Anstöße, damit die Teilnehmer von eigenen Erfahrungen berichten, um damit neues Erfahrungswissen aufzubauen.

Für offene Kurse lässt sich eine solche Plattform wirtschaftlich nur über einen begrenzten Zeitraum als Teil des Kurspreises darstellen; das heißt in Abhängigkeit vom Gesamtportfolio des Kursanbieters sowie ergänzenden Zielen, die mit der Online-Community erreicht werden können (wie Kundenbindung und Cross Selling), wird die Community ab einem definierten Zeitpunkt bepreist.

Bei firmeninternen Kursen und damit auch firmeninternen Kollaborationsplattformen steht die Online-Community unbegrenzt zur Lernunterstützung und zur Verzahnung des Gelernten mit der unternehmerischen Leistungserstellung bereit.

Fragen

1. Welche Erfahrungen haben Sie bereits mit Lern- und Trainingskonzepten, die eLearning-Bestandteile enthielten?
2. Wo sehen Sie die wesentlichen Unterschiede zwischen diesem hier vorgestellten Konzept und anderen Lern- und Trainingskonzepten?
3. Wie beurteilen Sie den didaktischen Ansatz des Gesamtkonzepts bezüglich seiner Nachhaltigkeit für Veränderung?

Dreizehn plus eine Empfehlung

6

Liebe Leserin und lieber Leser, auf den vorangegangenen Seiten haben wir theoretische Modelle erläutert, um ein Lern- und Trainingskonzept zu gestalten, das Organisationen nachhaltig verändern kann. Wir haben Ihnen ein darauf basierendes Lern- und Trainingskonzept vorgestellt, mit dem wir seit einigen Jahren Fach- und Führungskräfte dabei unterstützen, zu internen Botschaftern der Digitalisierung in ihrem Unternehmen zu werden. Nun fragen Sie sich vielleicht, kurz und knapp – was soll ich denn jetzt tun?

Hier nun dreizehn plus eine Empfehlung von uns:

1. Es kann nur das verändert werden, was von der Organisation wahrgenommen wird. Konzipieren Sie Lern- und Trainingsmaßnahmen die Fach- und Führungskräfte unterstützen, bisherige Strukturen, Prozesse und Entscheidungen zu hinterfragen.
2. Den systemisch-konstruktivistischen Lernmodellen liegt zugrunde, dass Lern- und Trainingsmaßnahmen keine unmittelbaren Veränderungen bei Fach- und Führungskräften bewirken können, sondern nur die Wahrscheinlichkeit von Veränderung erhöhen. Gestalten Sie Lern- und Trainingsmaßnahmen so, dass die Umsetzung des Gelernten gefördert wird.
3. Klassische Entwicklungsmodelle von Lern- und Trainingsmaßnahmen sind starr in der Umsetzung und bieten wenig Flexibilität in der Weiterentwicklung. Entwickeln Sie Lern- und Trainingsmaßnahmen agil in kleinen Schritten und verbessern Sie diese kontinuierlich. So bleiben Sie offen für neue Inhalte und richten Ihr Angebot kontinuierlich am Bedarf der Teilnehmer aus.

© Springer Fachmedien Wiesbaden GmbH 2018
W. Krieger und S. Hofmann, *Blended Learning für die Unternehmensdigitalisierung,* essentials, DOI 10.1007/978-3-658-19204-4_6

4. Führungskräfte und Spezialisten lernen gerne von den Erfolgen anderer. Integrieren Sie in Ihre Lern- und Trainingskurse Special Matter Experts, die in Interviews oder Folien-Casts über erfolgreiche Beispiele berichten. Rahmen Sie diese Praxisbeispiele mit Ihrer didaktischen Kompetenz und achten Sie darauf, dass Abhängigkeiten, Strukturen und Parameter der vorgestellten Erfahrungsbeispiele erläutert werden, damit Erfahrungslernen gelingt.

5. Technische Werkzeuge bieten neue Möglichkeiten zur Gestaltung von Lern- und Trainingsmaßnahmen; dies trifft insbesondere auf Online- und Blended Learning Konzepte zu. Die Verfügbarkeit technischer Werkzeuge begründet jedoch noch nicht ihren Einsatz in Lern- und Trainingskursen. Gehen Sie anders herum vor und fragen Sie, wie Sie den Lern- und Trainingsprozess der Teilnehmer didaktisch verbessern und welche technischen Werkzeuge dies unterstützen können.

6. Menschen lernen aus Büchern, Handlungen, Beobachtungen, Bildern – um nur einige wenige Beispiele zu nennen. Kombinieren Sie mehrere Formate in abgestimmten Gesamtpaketen. Sie sprechen damit mehrere Sinne an, sorgen für Abwechslung und können je nach Inhalt das geeignete Format wählen.

7. Fach- und Führungskräfte bringen unterschiedliches Wissen und Erfahrung aus ihren Unternehmen mit. Damit Lern- und Trainingsmaßnahmen Veränderungen bewirken, verknüpfen Sie zu Beginn des Lernens die individuellen Aufgaben und Ziele sowie das Wissen und die Erfahrung der Teilnehmer mit den Kursinhalten.

8. Die Umsetzung des Gelernten ist umso wahrscheinlicher, je direkter die Verbindung zwischen dem Gelernten und den betrieblichen Arbeitsprozessen gestaltet ist. Sorgen Sie dafür, dass nicht nur zu Beginn, sondern während der gesamten Phase einer formalen Lern- und Trainingsmaßnahme eine hohe Verzahnung mit den betrieblichen Arbeitsprozessen besteht.

9. Wahrgenommene Wirksamkeit der Handlungen von Menschen steigert die Motivation und damit den Erfolg der Kursteilnahme. Gestalten Sie die Lern- und Trainingsmaßnahmen so, dass Teilnehmer ihren Lernerfolg auch wahrnehmen können.

10. Wahrgenommene Autonomie mit der Möglichkeit, Entscheidungen im Rahmen eines Kurses eigenständig treffen zu können, wirkt sich positiv auf die Motivation aus. Dieser Aspekt wird mit zunehmendem

Wissen und Erfahrung der Teilnehmer wichtiger. Gestalten Sie Lern- und Trainingskurse so, dass die Teilnehmer ein hohes Maß an eigener Entscheidungsfreiheit spüren können.

11. Lernen ist ein sozialer Prozess. Gestalten Sie Lern- und Trainingsmaßnahmen so, dass die Teilnehmer eine persönliche Verbundenheit zu den anderen Teilnehmern, Trainern und Moderatoren, das heißt zum sozialen Gefüge des Kurses, spüren können.

12. Lern- und Trainingsmaßnahmen wandeln sich von einem Lernevent zu einem Lernprozess, um dadurch nachhaltige Veränderungen zu ermöglichen. Sorgen Sie auch nach einem Lern- und Trainingskurs immer wieder für Impulse bei Ihren teilnehmenden Fach- und Führungskräften.

13. Gelungene Umsetzungsergebnisse sind das Ziel einer jeden Lern- und Trainingsmaßnahme. Bewerten Sie den Erfolg eines Kurses oder eines Seminars daher nicht nur in Bezug auf die Maßnahme allein, sondern vor allem in Bezug auf die erzielten mittel- und langfristigen Umsetzungsergebnisse.

Keine Angst vor Neuem!

You have learned something. That always feels at first as if you have lost something.
George Bernard Shaw

Was Sie aus diesem *essential* mitnehmen können

- Warum die Digitalisierung neue Lern- und Qualifizierungskonzepte in Unternehmen erfordert.
- Wie Sie eventgetriebene Lern- und Trainingskonzepte durch lernprozessorientierte Konzepte ersetzen.
- Wie Sie Lernen, Verändern und Führen im Unternehmen miteinander verknüpfen können.
- Wie Fach- und Führungskräfte zu treibenden Kräften der Digitalisierung im Unternehmen werden.
- Wie Sie Blended Learning Angebote gestalten, um Beobachten, Nachdenken und Kommunikation anzustoßen und damit Veränderungen zu ermöglichen.

© Springer Fachmedien Wiesbaden GmbH 2018
W. Krieger und S. Hofmann, *Blended Learning für die Unternehmensdigitalisierung,* essentials, DOI 10.1007/978-3-658-19204-4

Literatur

Adamson, B., Dixon, M., & Toman, N. (2012). The end of solution sales. *Harvard Business Review, 91*(July/August), 60–68.

Allen, M. (2012). *Leaving ADDIE for SAM*. Alexandria: ASTD Press.

Arets, J., Jennings, C., & Heijnen, V. (2015). *702010 towards 100% performance*. Maastricht: Sutler Media.

Argyris, C., & Schön, D. A. (2008). *Die Lernende Organisation*. Stuttgart: Schäffer.

Deutsche Fachpresse. (2016). Umsätze im B2B-Markt für Weiterbildung (inkl. Tagung/Kongresse) in Deutschland im Jahr 2016 (in Milliarden Euro). von Statista – Das Statistik-Portal. Zugegriffen: 9. März 2017.

Gino, F., & Staats, B. (2015). Why organizations don't learn. *Harvard Business Review, 93*(November), 110–118.

Institut der deutschen Wirtschaft. (2013). Hemmnisse für betriebliche Weiterbildung der nicht weiterbildungsaktiven Unternehmen in Deutschland im Jahr 2013. von Statista – Das Statistik-Portal. Zugegriffen: 9. März 2017.

Keller, J. M. (2008). First principles of motivation to learn and e-learning. *Distance Education, 29*(August), 175–185.

Kirkpatrick, J. D., & Kirkpatrick, W. K. (2016). *Kirkpatrick's four levels of training evaluation*. Alexandria: ATD Press.

March, J. G. (2016). *Zwei Seiten der Erfahrung*. Heidelberg: Carl-Auer.

o. V. (2016). *Evaluating learning – getting to measurements that matter (Whitepaper)*. Alexandria: ASTD Press.

o. V. (2017). Mittelstand verzichtet auf Beratung zur Digitalisierung. von Bitkom Research GmbH. Zugegriffen: 6. März 2017.

Porter, M. E. (2008). The five competitive forces that shape strategy. *Harvard Business Review, 86*(1), 79–93.

Rosenberg, M. J. (2013). At the moment of need – the case for performance support. von The eLearning Guild. Zugegriffen: 8. März 2017.

Ryan, R. M., & Deci, E. L. (2000). Intrinsic and extrinsic motivations: Classic definitions and new directions. *Contemporary Educational Psychology, 25,* 54–67.

© Springer Fachmedien Wiesbaden GmbH 2018   53
W. Krieger und S. Hofmann, *Blended Learning für die
Unternehmensdigitalisierung,* essentials, DOI 10.1007/978-3-658-19204-4

Shepherd, C. (2015). *More than blended learning*. Hampshire: The More Than Blended Learning Company.

Simon, F. B. (2004). *Gemeinsam sind wir blöd? – Die Intelligenz von Unternehmen, Managern und Märkten*. Heidelberg: Carl-Auer.

Tipps zum Weiterlesen

Arnold, R. (2012). *Ich lerne also bin ich*. Heidelberg: Carl-Auer.

Brown, P. C., Roediger, H. L., III, & McDaniel, M. A. (2014). *Make it stick – the science of successful learning*. Cambridge: The Belknap Press of Harvard University Press.

Quinn, C. N. (2014). *Revolutionize Learning & Development*. San Francisco: Wiley

Printed in the United States
By Bookmasters